こんなときはどうするの
Q&A

私立中学受験

私立中学学校生活

月刊中学受験
『進学レーダー』編集部編

はじめに

私立中学受験は少子化の影響で、10年ほど前の受験者数・中学受験率とともに上昇していたころに比べて、「落ち着いた状態」が数年間続いていました。しかし、ここ2〜3年、中学受験者数は再び増加しはじめ、受験熱は上昇機運にあります。これは、「教育の2002年問題」をはじめとした、公立中高に対する不安というネガティブな要因も確かにありますが、むしろますます複雑になっていく社会情勢のなかで、「わが子に確かな教育を受けさせたい」というご父母の切実な願いが強まり、その熱意が私立中学受験に向かわせていると言えるのではないでしょうか。

本書は「私立中高に初めてわが子を通わせるご父母・保護者」に向けた本です。中学受験を終えて、新しく始まる中学校での学校生活。その新生活のなかで、「どんなことが起きるの?」「こんなときはどうしたらいいの?」という不安や疑問に対して、先輩お母さんと進学塾や専門家の先生、そして私学の先生から具体的なアドバイスをいただきました。もちろん、ご家庭の状況やお子さまの性格、また通っている学校によって、多少なりともその対応策は変わってくるはずです。「これが正解!」というものはありませんが、先輩お母さんたちがその場面、場面でどのように考えて、どのように行動したのか、そして、私学の先生がどのように考えているかを知るだけでも、学校生活を送るうえで大きなヒントになると確信します。

本書が私立中学での実り多き学校生活を送るうえで、良き「ナビゲーター」になれば幸いです。

『進学レーダー』編集部

CONTENTS
目次

1章 受験から合格まで

受験へラストスパート！ 入試直前の迷いは……

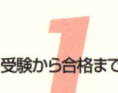

4章 中学校生活スタート！編

中学校生活スタート！ 上手な学校とのつき合い方とは……

初めての中学校生活

5章 私立中学での勉強編

私立中学での勉強のリズムに乗るには……

学習面での心配ごと

6章 家庭環境編

思春期の子どもをかかえる家庭での接し方とは……

反抗期・精神不安期の家庭生活

1章

最終的な志望校選び

受験へラストスパート！入試直前の迷いは……

志望校の最終決定で優先するべきことは何か、過去問への取り組み方、子どものメンタルケアなど、受験直前での迷いや対策についてのアドバイスです。

主な質問

◆志望校の合格ラインに届かないときは？
◆「過去問」はいつごろから始めればいいの？
◆２科目での受験に変えたいけど……
◆面接時の服装はどうしたらいいの？

Q1 志望校の合格ラインに届かないので、もう少し偏差値が低い学校に変更したほうがいいのでしょうか？

A1 偏差値はあくまでも目安
校風や教育方針、通学の便も考えて

第1志望校がチャレンジ校にあたり、本人の平均偏差値と学校の偏差値の差がプラス5くらいなら、志望校を変更する必要はないと思います。

ただし、「偏差値を超えて」合格する可能性も十分にありますし、校風やその学校の教育方針、実際の通学の便などを考慮に入れておくことは大切だと思います。

下の子はいま、受験勉強をしているうちで、一度も偏差値が届かなかった学校に通っています。本人が気に入っていたこと、ギリギリで受かったときのことも考えて、入ってから補習や面倒見の良さについても調べておいたので、補習をフル活用しながら、楽しく通っています。

（東京都荒川区　Y・W）

A② チャレンジすることも大事
逆転ホームランの可能性もあり

〝塾友〟の経験から、次のことが言えると思います。

●第1志望校の偏差値がプラス15以上の場合は？

第1志望校の受験には、相当の覚悟が必要です。必ず〝安全校〟を受験しましょう。または、2月1日か2日のうちに午後入試などを活用して、合格の確保をしましょう。

もう一つの方法は、1日に安全校を受験します。入学金の支払いの問題は残りますが、ここで1校を確保することができます。2月2日以降にチャレンジ校を受験する方法です。

●第1志望校の偏差値がプラス10以上の場合は？

2月1日～2日は強気でもいいと思います。塾友は偏差値35でしたが、1日に聖セシリア女子に合格しました。この段階では、このお子さんが最大のヒットで、その後うちの娘が逆転ホームランを打ちました。

●第1志望校の偏差値がプラス5以下の場合は？

迷わず2月1日に第1志望校を受験しましょう。もちろん、安全校は確保してください。偏差値は、あくまでも目安です。過去問との相性や志望校への思い入れにより、大逆転も可能です。

（東京都多摩市・Y・N）

A③ 子どもは無限の可能性をもつ
「絶対に入学する！」という気持ちが大事

息子の場合、4年生から塾に通いましたが、リトルリーグとの両立に苦しみ、受験に対してもまったく意欲がなく、成績は下降の一途でした。

塾の先生から「そんなに野球がやりたければ、特訓コースでなくても行ける○○中あたりを受験すればいかがですか？」と言われました。しかし、本人の「絶対この中学に入って野球をやりたい！」「この学校に入るんだ！」という気持ちをいちばん大切にしました。

偏差値は、あまりあてにはならないと思います。子どもは無限の可能性をもっているのです。息子が通っていた塾で、「○○中合格間違いなし！」と言われたお子さんが不合格になり、「無謀」と言われたお子さんが合格しています。もちろん、校風や交通・環境などと選択肢はたくさんありますが、直前になって「偏差値が満たない」ということだけで変更するのは、良いこととは思いません。とはいっても、不安がつのると思います。お子さんを信じてあげることも、大事なのではないでしょうか。

（東京都目黒区　H・N）

Q2 最終的な志望校を決定するのに、迷っています。最も重視しなければならないポイントは何ですか？

A1

見学したときの印象が大事

面倒見がとても良く、こまめな指導が決め手

大学付属校ではなく、大学進学実績が伸びている進学校を考えていました。うちの子の性格を考えると、生徒の自主性に任せる学校よりも、面倒見が良く、こまめに指導してくれる学校のほうがいいと思いました。ほかの学校については、土曜日に通学風景などを見学に行きました。ふだんの様子を見ると、「生き生きしている」とか、「どうも自分には合わない」とか、なんらかの印象をもちますよね。その印象が、志望校の選択の大きな要因になりました。

（東京都新宿区　Y・K）

A2

6年間通うことを十分考えて

進学実績が伸び、任せて安心の学校

最初に考えたのは、自宅から近い

学校でしたが、6年生になって、本人が「絶対○○へ行く！」と宣言。ほかの学校にまったく興味がなかったので、親がいろいろな学校を見に行きました。その結果、「進学実績が顕著に伸び、将来性があり、子どもの能力を引き上げてくれる学校」、「説明会の対応がしっかりしていて親切な学校」が決め手になりました。

志望校は、いろいろな学校を自分の目で見ていくうちに、自然と取捨選択されていきました。「6年間子どもを安心して任せられるか」は、いつも頭にありましたね。

（東京都板橋区　S・S）

A3 胸を張って行ける学校をポイントに選択

生徒たちの姿も評価の対象

「制服のかわいい学校に行きたい」という娘の軽い気持ちで始まった中学受験ですが、親としては校風や教育内容が気になります。かなり多くの学校に足を運び、説明会に参加したり、文化祭や体育祭などを見学しました。

そこでわかったことは、礼儀正しくて、しかも生き生きとしている生徒の様子を見ると、その学校に入学したいという気持ちが強まり、反対に、少数でも茶髪の子やスカートが極端に短い子などを見てしまうと、その学校に対する信頼感が薄れてしまいます。こういう「外から見てわかる面」は、学校の教育のあり方を物語っていると思います。

最終的に志望校として選択した学校は、進学実績の良さも魅力的で、しかも「どこの学校へ行くことになっても胸を張って行ける」が、大きなポイントになりました。

（東京都目黒区　N・O）

ちょっと コラム

「学校選びの4大原則」

原則1　まず、志望校に対して何を求めるかを考える

大学進学への期待か、それとも「ゆとり」を求めるのか。6年間に何を求めるのかを明確にします。

原則2　情報をたくさん集める

カリキュラムや教育方針などの学校情報を、塾や受験情報誌などから収集します。

原則3　何より、自分の子どもの適性を見極める

お子さんの性格と適性を見極めて、それに合った学校を選びましょう。

原則4　他人に頼らず、自分の目で確認を

「口コミ情報」をうのみにせず、塾の先生に聞いたり、学校に直接足を運んで確認しましょう。

Q 3 「過去問」は、いつごろから何回くらいやっておいたほうがいいのでしょうか？

A 1 親も一緒に解いてアドバイス
最初はできなくても、回数を重ねて完成

娘の場合、過去問に取り組んだのは7月からでした。第1志望校のものは過去6年間分を4回、第2志望校は5年間分を2回取り組みました。ほかの学校は3年間分を1回、押さえ校は2年間分を1回しました。

偏差値から考えて、入りやすそうな学校から取り組んで自信をつけさせようと思ったのですが、それぞれの学校に特色があり、一筋縄ではいきませんでした。ここで子どもの気力がなくなっても困りますし、時間は限られているので、まず第1志望校から始めることにしました。

心配したのは社会科です。秋からは社会科と過去問に、ほとんどの時間を使っていたように思います。

また、国語の記述問題は解答がさ

まざまなので、親も一緒に解いて、「あなたの答えは間違っていないけれど、こちらのほうがより良さそうね」とアドバイスしながら進めていきました。

12月の終わりごろには、算数での計算ミスもなくなり、スピードもアップしてきました。

また、市販の受験情報誌などで、志望校の具体的な合格ラインがつかめたのが良かったです。

（東京都調布市　A・S）

A2 詰め込み過ぎると負担になる
思い切って休んだあと また過去問に取り組む

過去問に取り組み始めたのは、夏期講習の直前です。第1志望校の過去問をいきなり始めたら難しいと思ったので、併願校と並行して始めました。第1志望校は、過去5年間分をコピーにとり、1回目は目をとおす程度にしました。

最終的に第1志望校は2回、併願校は1回やりました。塾の授業と並行して取り組んだので、過去問は1日1題というペースになりました。

12月の末ごろ、本人に疲れが見えるようになり、塾の先生に相談したところ、「ここまできたら本人がどれだけ力を出せるかなので、それを引き出すようにがんばってください」と言われました。

そこで、やや勉強のペースを落として、塾では先生の講義を聞くだけにしました。その休養の効果があったのか、1～2週間後には、以前のように過去問を解くことができるようになりました。とくに算数は、考え方が大切なので、塾の先生に質問して教えていただきました。

（埼玉県さいたま市　Y・K）

編集部から

「過去問」の上手な使い方

1. 過去問を始める時期は、早ければ夏休みから、遅くても９月ごろから始めましょう。
2. 第１志望校の場合は、３回。できれば４回は取り組みましょう。
   １回目はとにかく順番に解いていく。２回目は問題の分量や配置など、全体像をつかむ。３回目は合格最低ラインを頭に置きながら、時間配分のペースをつかむという方法です。
3. ６年間分をやれば、その学校の出題傾向がつかめます。ただし、併願校の過去問もやることを考えれば、３年間分を２回繰り返してもいいでしょう。
4. ６割くらいの得点をめどに考えましょう。

Q4 併願校の「過去問」をやったら、思ったほど点数がとれませんでした。このままで大丈夫でしょうか？

A1 1回目はみんな点数がとれない 何度もトライして、自信をつけていく

過去問は、夏休み前に入手していましたが、塾での勉強が忙しく、本格的に取り組みだしたのは冬休みからです。過去問は入試問題の傾向がつかめると同時に、得意・不得意が解いているうちにわかってくるので、もっと早いうちに取り組めば、苦手な分野もしっかりできたのに、と反省しています。

最初は、ほとんど解けずに不安でしたが、繰り返して解くことで満点近くとれるようになり、自信もつき、気持ちも明るくなったようです。そして、解いていくうちに、問題集で似た傾向の問題に気づくようになり、同じような問題を探して、積極的に取り組みました。

家で過去問に取り組む場合、のん

びりとしてしまうので、実際の時間より、10分くらい早く解き終わるように練習しました。

冬になると、塾では総仕上げなど課題がたくさん出るので、夏休みくらいから、受験する学校は何回も繰り返して解いたほうがいいようです。うちの場合は、第1志望校は5年間分を3回、併願校は1～2年間分を2回やりました。過去問を解いていて、問題との相性というのも感じました。相性のいい学校から志望校を探すのも一つの方法だと思います。

（神奈川県相模原市 M・K）

A2 回数ごとに慣れてきて、合格ラインに到達
過去問は何回も取り組むこと

過去問を始めたのは、夏休みが終わった直後からです。第1志望校は時間をかけたかったので、最初に取り組み、6年間分を2回やりました。1回目は、点数がとれませんでしたが、その時点ではどうして間違ったのか、納得できるようにしておきました。2回目は12月に入ってからでしたが、スラスラと解けました。このときは、第1志望校も合格ラインに届いたと思います。

過去問は、時間がかかって大変です。分量もかなりあったので、この過去問はやったのかやっていないのかと、わからなくなってしまったこともあります。また、難しい問題もあって、問題集の解説でわからないところは、まとめて塾で教えてもらいました。

父親も一緒に過去問を解いてくれたので、親子でいろいろコミュニケーションもとれて、楽しい受験勉強だったと思います。

（駒場東邦の生徒 Y・Y）

編集部から

点数がとれないからといって、志望校を変更しないで！


以前、1学期中に過去問をやってみたのはいいけれど、「合格点がとれなくて志望校を変えてしまった」という親子がいました。かわいそうですが、その親子は過去問に対する考え方が間違っています。

6年生の場合は、夏以降になってグンと得点力が伸びていくものなのです。夏前にやる場合は、「どれくらいできないか」を知ることが目的だと思ってください。だから、2学期以降に過去問に取り組み始めた場合も、「1回目は点数がとれなくてあたりまえ」と思っていましょう。点数が低くてもあせったり、志望校を変更したりしないようにしてください。

Q5 5年生になって勉強が忙しくなったので、4科目から2科目に変更してもいいのでしょうか？

A ① 4科目の勉強が基本
2科目では学校選択の範囲が狭くなる

「2科目か、4科目か」は、ご父母から多く寄せられる相談の一つです。時期的に多いのは、新5年生になる前と、5年生と6年生の夏休み前です。

この迷いには二つの理由が考えられます。一つは、志望校が決まっていて、そこが2科目入試の場合。もう一つは、「勉強がなかなか進まない、成績が上がらないので、4科目から2科目に減らしたい」という場合です。

受験勉強を始めるにあたっては、4科目での勉強を基本に考えましょう。しかし、本当に志望校の入試科目が2科目だけという場合は、理科や社会科を勉強する必要はあまりありません。少しでも早く、2科目の勉強に集中してもいいでしょう。ただし、2科目入試の場合、どちらかの科目で失敗してしまうと、もう一つの科目でとり返すのは厳しく、1点〜2点の差が合否に影響してくることになります。ケアレスミスをしないよう、日ごろから気をつけることが大切です。

2科目だけの勉強に変更した場合、当然併願校も2科目入試校に限定されることを認識してください。通学可能な範囲でほかに2科目入試校があるかどうかは、しっかりと調べておきましょう。

A2 長い目で見れば4科目が有利 2科目に減らしても、勉強量は減らない

成績不振のため、4科目から2科目に変える場合、理科や社会科を勉強する時間を国語・算数にあてたいという考えであるならば、結論からいえば、さほど効果は上がりません。2科目であれ、4科目であれ、勉強する受験生はきちんと勉強しているからです。勉強する姿勢がしっかり身についていないかぎり、科目数を減らしても結果的にさほど効果はないと思ってください。

確かに一見、負担感は減るかもしれませんが、今度は国語と算数で密度の濃い勉強が必要になり、全体の勉強量が減るわけではないのです。成績が上がらない受験生の場合、しばしば見られるのは、理科と社会科に力を入れ過ぎて、国語と算数がおろそかになっているケースです。4科目の勉強をバランス良く進められるよう計画を立てる必要があります。

5年生の段階で、まだ志望校がはっきりしている場合には、一般的には4科目で勉強を続けることを勧めます。確かに、5年生では覚えることが多くて大変だと思いますが、その復習のために夏や冬の休みがあるわけです。性急に2科目に絞ってしまって、志望校を決めるときに、めざすべき学校が4科目入試だったということでは悔やまれます。

6年生になって理科と社会科がかなりの負担になっている場合は、思い切って2科目に絞ったほうがいいでしょう。どうしても決めかねる場合は、夏休みの間は国語と算数の復習に全力を注ぎ、比較的追い込みがきく理科と社会科は秋以降に取り組むという考え方もあります。

また、近年増えている「2科・4科選択受験」では、4科目受験のほうが有利な場合が多いことにも注意してください。その意味でも、できるかぎり4科目での勉強を続けることを勧めます。

（日能研進学情報センター）

Q6 受験が近づき、子どもがイライラしています。親はどうつき合っていけばいいのでしょうか？

A1 親がまずリラックスしましょう
食事のバランスを考えて、あまり思いつめない

中学受験生である以上、子どもがある程度の緊張感を感じるのは仕方のないことではないでしょうか。また、適度な緊張感はある程度必要だと思います。

とは言っても、過度の緊張は子どもにとってマイナスになるので、子どもがリラックスできる雰囲気づくりを心がけました。

それにはまず、親がゆったりした気持ちになることです。実際には親のほうも緊張したり、イライラすることが多くなります。そういう親の気持ちは子どもにも伝わるので、とにかく親がリラックスすることが大切です。勉強のことは、「10」言いたいところをあえて「5」くらいにして、「あと何日で試験」という言葉は絶対に言わないようにしました。

また食事の栄養バランスを考えたり、体調を崩さないように健康管理に気を配りました。たとえば、なるべくカルシウムが多いメニューにしたり、アロマテラピーでリラックスできる香を選んだりしました。

受験で自分の将来のすべてが決まってしまうのではなく、ただの通過点に過ぎないということも言いました。親子ともあまり思いつめないようにするのがいいと思います。

それでもイライラが続いたときは、なぜ受験をするのかを、もう一度ゆっくり話し合ったこともありました。

休日など時間のあるときに親子で志望校を見に行って、「この学校に入ったら、こんな楽しいことがあるよ」と、進学後のことで話題を盛り上げたりもしました。

（千葉県松戸市　R・H）

A 2 イライラするのは当然と受けとめて 勉強、勉強ではなく、ときには息抜きも必要

ほかの多くの子どもたちは地元の公立中学校に行くのに、自分だけ違う学校をめざすのですから、子どもが不安になったり、イライラしたりするのは当然だと思います。

わが家では、思うように成績が伸びなかったり、合格できるかどうか不安に思っているようなときに、子どものちょっとしたいいところを認めて、ほめるようにしました。

また、週1回のカリキュラムテストが終わったら、その日は好きなマンガを読みたいだけ読んでいいことに。ただ勉強、勉強と言うのでなく、息抜きの時間もつくって、メリハリのある生活にすることも必要では？

（東京都世田谷区　K・N）

ちょっと コラム

イライラやストレスには栄養の偏りが影響していることもあります。ふだんの食事の内容を見直してみましょう。カルシウムは「天然の精神安定剤」とも呼ばれ、不足すれば不眠やイライラを招きやすいと言われます。乳製品や豆腐、ひじき、切り干し大根に多く含まれています。

神経の働きを正常にして、情緒を安定させると言われているのがビタミンB1です。豚肉、玄米、納豆、しいたけ、海苔、牛レバーに多く含まれています。

ビタミンCは不足すると身体の抵抗力が衰え、またストレスがあると大量に消費されるので、定期的に摂取したいものです。イチゴ、キウイ、じゃがいも、さつまいも、パセリ、緑茶、もやしに多く含まれています。

Q7 小学校の担任の先生に受験のことを伝えたいのですが、どのように伝えたらいいのでしょうか？

A1 子どもが先生に直接言いました
受験に賛成の先生か、見極めることで対応

受験の意思をどのように伝えるかは、担任の先生の受験に対する考えによって違ってくると思います。

息子の担任は、「受験ガンバレ！」とクラスの子どもたちと一緒に応援してくれる方でした。ですから、息子は自分で担任に「中学受験をします」と言いました。その後、保護者会で会ったとき、「受験大変ですね。協力しますから、がんばってください」と先生から言ってくださいました。

しかし、友人のお子さんの担任の先生は受験が嫌いだったので、話せば話すほど逆効果になったそうです。最後は父親が学校に行き、「わが家は中学受験をさせる方針です」ときっぱり言って、その先生も納得したと聞きました。

担任の先生が受験をどのように考えているかをまず踏まえてから、伝え方を考えたほうがいいと思います。

（東京都世田谷区　Ａ・Ｓ）

A 2 個人面談を利用して告げました

調査書を頼む場合は、早めにはっきりと

こういうことは、手紙などより直接話したほうがいいと思います。

子どもたちの会話などから、子どもが受験することを担任の先生はご存じでしたが、11月に行われる個人面談で詳しく伝えました。

「中学受験をします」とはっきり言えばいいと思います。そこで、学校生活に手を抜かず、学校が大切だという姿勢を見せればいいのでは。

調査書を書いてもらう必要もあるので、早めにはっきり伝えておいたほうがいいと思います。

（埼玉県草加市　Ｍ・Ｈ）

A 3 家庭訪問のときに伝えました

特別扱いはなかったが、さりげない心づかいを

6年生になって最初の家庭訪問のときに、中学受験をすることを伝えました。担任の先生からは「特別扱いはしません」というお返事をいただき、その後の個人面談などでも、先生のほうから受験の話を切り出されることはありませんでした。しかし、子どもが学校行事の準備などで遅くまで学校に残っていたときに、「受験勉強は大丈夫？」と先生から声をかけていただき、ありがたいなと思いました。

なかには、最後まで受験のことを話さなかった、というケースも聞きましたが、それでは担任の先生に対してあまりにも失礼だと思います。

（東京都葛飾区　Ｎ・Ｙ）

編集部から

受験の意思は、一般的には6年生の初めの面談などの機会に、伝えておくのがいいでしょう。受験校によっては調査書などをお願いすることもあるので、その場合は手紙などで依頼し、書いていただいたら感謝の言葉を忘れずに伝えましょう。その際、お礼として金品を贈る必要はまったくありません。贈られた先生も迷惑します。

中学受験をすることを担任の先生にひと言も言わないで、いきなり「いついつまでに調査書を書いてほしい」と依頼することは避けましょう。中学受験は家庭内のことですが、欠席や行事などで学校に迷惑をかけることもあります。受験することを早めに伝え、合否の結果はきちんと報告するようにしましょう。

Q 8 塾の先生や友だちと仲良くできていないようです。塾をやめたいと言っているのですが……

A 1 別のクラスに変更して解決しました まずは塾に相談して、クラス替えも考慮に

まずは塾の先生と率直に相談することをお勧めします。どうしても、いまのクラスでダメなら、お願いしてクラスを替えてもらうという方法もあるはずです。

実は娘も塾でイジメられていて、塾に行くのを嫌がる時期がありました。塾の先生も配慮してくださったのですが、同じクラスの女の子から陰湿なイジメにあっているようでした。思い切って別のクラスに替えていただいたら、娘は見違えるほど元気になりました。

塾には高い授業料を払っているのですし、遠慮しないで率直な態度で臨んだほうがいいと思います。

現実に困っていることを話しても親身になってくれなかったり、「子どもが塾を替わりたいと言っているのですが……」と相談しても、真剣に取り合ってくれないような塾なら、思い切って塾を替えてしまったほうが賢明だと思います。

(神奈川県相模原市　S・Y)

A2 塾に相談して様子を見ました
子どもに合った塾を選ぶのも親の責任

子どもにとって、その塾が合っているかどうかを再確認してはいかがでしょうか。子どもの性格にも、ライバルが大勢いる大きな塾のほうが燃えるタイプ、少人数制のほうが落ち着くタイプ、マンツーマンで質問しながらのほうが効果が上がるタイプ、とさまざまです。

実は息子も入塾後しばらくして、「塾に行きたくない」と言い出しました。親としては焦りましたが、塾の先生と相談したところ、授業の進め方についていけず自信をなくしてしまっているとのことでした。

少し授業の進度を遅くしていただき、様子を見ることにしたら、それからは塾に行きたくないとは言わなくなりました。

通っていた塾は入ったときから何でも相談できる雰囲気だったのですが、塾を替えてみようと思っているのなら、その前に塾の先生ときちんと話してみたらどうでしょうか。

お子さんの状況をありのままに伝えて、それに対する塾の対応が納得できなければ、塾を替えてしまってもいいのではないでしょうか。

塾によって、授業の進め方にもかなり違いがあるので、塾を決めるときは、子どもの性格やタイプに一番合ったところを探すのが、親の役目と思います。(神奈川県横浜市　T・Y)

編集部から

まず、塾でお子さんがどういう状況に置かれているかを、具体的に把握したほうがいいと思います。勉強をやりたくなくて、何か言い訳をつくっているというケースもあります。

友だちと仲良くできないというのも、日ごろから仲良しの友だちとの間にささいなトラブルが起きているだけかもしれません。とにかく塾の先生に相談して、塾でのお子さんの様子をしっかり確認しましょう。

先生との相性が悪いようなら、クラスを替えてもらうことも検討しましょう。塾は勉強する場所です。イヤイヤ通っている状態では、勉強にも身が入りません。塾の対応に納得できないのなら塾を替えるなど、子どもにとって勉強しやすい環境を整えることも大事なことです。

Q9 入試日に体調をこわしたり、電車の遅れなどで遅刻したとき、学校はどんな対応をしてくれますか？

A1 学校説明会で対応を確認しておく
もしものときに備えて、複数のルートを考える

交通機関のトラブルに関しては、もしもの場合を考えて、学校までの交通ルートはあらかじめいくつか考えておくといいと思います。

そして、あらかじめ各ルートを使って受験校まで下見に行っておけば、万が一トラブルがあったとしても、あわてないですみます。

健康面では、まず試験日に合わせて体調を整えておくことが大切です。しかし、どうしても具合が悪くなったときは、学校にすぐに連絡をして指示をあおぐことです。

いずれについても、学校によって対応が異なります。学校説明会などで、そうした場合の対応法を話してくれる学校も多いようです。

（東京都三鷹市　E・A）

A2 とにかくすぐに学校に連絡する
電話が通じないときは、家から連絡してもらう

体調が悪いときは、入試当日に学校へ連絡すれば、ほとんどの学校では保健室などでの別室受験を認めているようです。

電車などの交通機関による遅れについては、遅れる受験生の人数が多い場合など、別室で受験させてくれることもあるようです。やはり、入試当日は遅くとも集合時刻の30分前には着くように、時間を逆算して家を出るべきだと思います。

とにかく、どんなささいなトラブルでもすぐに学校に電話で連絡することが大切です。電話が通じにくいときには、家の人に連絡を頼むなどして、受験生と付き添いの人間は、とにかく急いで学校に向かうことを考えましょう。（東京都大田区　M・S）

A3 曜日によって変わるダイヤに注意
電車やバスでないと、遅刻に配慮なし？

わが家の失敗談です。電車の発車時刻をあらかじめ調べておいたのですが、入試日が土曜日で平日と違うダイヤだったので、試験開始ぎりぎりになって学校に着きました。

親も動揺してしまい、それが子どもにも伝わってしまったのか、残念ながらその学校は不合格でした。

自家用車などで試験場に行くのも避けたほうがいいようです。途中で事故や渋滞に巻き込まれて遅刻しても、公共の交通機関ではないので、配慮などもあまり期待できません。

できるだけ公共の交通機関を利用して、少なくとも30分以上は余裕をみて家を出るのがいいと思います。

（神奈川県横浜市　K・T）

編集部から

8割以上の学校で、具合の悪くなった受験生が安心して受験できるように、保健室や別室での受験を認めています。ただし、まれにですが「朝、申し出る」など、学校によっては条件があるので、事前に学校に問い合わせておきましょう。

遅刻も、原則として認めない、という学校がまれにありますが、ほとんどの学校では何らかの配慮をしてくれます。しかし、遅れた分を延長して試験が受けられるわけではないので注意しましょう。

遅刻そのものは、当然受験生にとってかなりのプレッシャーになるはずです。目的地までの交通機関は複数のルートを確認しておく、当日は余裕をもって家を出るなど、事前の用意をしっかりと！

Q10 保護者と本人の面接があります。どのような服装で臨めばいいのでしょうか？

A1 女子はブレザーとスカートが定番

いつもと違う格好に、違和感があった娘

面接試験ということを念頭においたうえで、相手に悪い印象を与えない服装ならどのようなものでもいいと思います。

わが家では女子校を受験しましたが、ほとんどの受験生が紺色のブレザーとチェックのスカートという組み合わせでした。

ところで、活動的な娘はいつもジーンズ姿。面接だからとスカートにしたら、足元がスースーして落ち着かなかったようです。面接の日にスカートにするなら、少し前から慣らしておけばよかったと反省しました。

同じような話は男子にもあるようで、親戚の男の子はブレザーを着て面接に臨みましたが、ふだん着慣れていなかったので、筆記試験のとき肩がこって問題に集中できなかったそうです。途中で着替えるか、清潔なセーターにすればよかったと言っていました。

父母の服装はだいたいスーツ姿が多く、色は紺系、グレー系、ベージュ系が多かったようです。

（東京都港区　S・O）

A2 小学校の制服で受験しました 親の服装にも注意を。ひかえめを心がけて

わが家は私立小学校からの受験でしたので、面接には小学校の制服を着て行きました。しかし、学校によっては私立小学校からの受験を嫌う場合もあるようで、私服で受験するようにと、塾から言われた友人もいました。そんなことはないとは思いますが。

その友人は、面接用にとわざわざ茶色の靴と紺色のコートを買ったそうです。茶色の靴がおしゃれだと思ったらしいのですが、進学先の指定は黒。コートも指定があったので、入学後に無駄になってしまいました。靴もコートも高額なので、新しく買う方は、受験する前によく確かめてから買ったほうがいいですよ。

保護者は紺のスーツ姿が多かったですね。グレーや黒の父母もいました。やはり地味めにという意識があるのでしょう。

それほど気をつかっていても、意外に気になるのが母親の香水です。強い香りのものは面接には不似合いだと思います。洋服への移り香にも気をつけたいですね。

父親も香りの強い整髪料は避けるようにして、〝ひかえめ〟に〝上品〟に、を心がけるといいと思います。

（神奈川県藤沢市　K・K）

編集部から

中学校にとって「入学試験」は、入学式や卒業式と並ぶ重要な行事です。面接試験は短時間での限られた判定材料で、その受験生を見るので、面接時の服装も受験生の印象をいくらか左右することがあると考えても無理はありません。とは言っても、受験生本人の服装については、それほど神経質に考えなくても大丈夫です。小学生らしさ、その子らしさを大切にして選んでみましょう。

気をつけたいのは母親の服装です。地味めにするのはもちろんですが、アクセサリーにも気を配ってください。派手なイヤリングは避け、指輪、ネックレスも２つ以上はつけないように。マニキュアも派手な色はひかえ、お化粧もおさえ気味にします。面接の主役は「子ども」です。

Q11 奨学金制度の種類や、利用のしかたについて、詳しく教えてください

A1 公的な奨学金制度
無利子で高校卒業までの3年間貸与される

公的奨学金制度には、大きく分けて「日本学生支援機構」によるものと、「地方自治体」によるものの2つがあります。日本学生支援機構は、国の育英奨学事業を行う機関で、税金を基に運営されている奨学金制度です。

奨学金には「第一種奨学金」と「第二種奨学金」があります。第一種奨学金は、「無利息の奨学金で大学・高等学校等の生徒」を対象にし、「特に優れた生徒で経済的理由により著しく修学困難な者」に貸与します。具体的な成績の基準は、高1次に在学している場合、中3の成績の平均値が3・5以上、または申し込み時までの高校の成績の平均値が3・0以上です。

●日本学生支援機構の第一種奨学金（無利子・貸与期間3年）　（2010年現在）

区分		家計の基準額★（円）		貸与月額（円）	貸与総額（円）	返還月額（円）	返還回数（年）
		給与所得者	給与以外の所得者				
私立高校	自宅	8,090,000	3,430,000	30,000	1,080,000	7,500	144回（12年）
	自宅外	8,360,000	3,620,000	35,000	1,260,000	8,750	144回（12年）

★家計の基準額は4人世帯の1年間の収入・所得上限額の目安となるもので、給与所得者は源泉徴収票の支払金額（税込み）、給与以外の所得者は確定申告の所得金額（税込み）を表しています。

問合せ先：日本学生支援機構
本部・東京支所：TEL.03-3952-9351（大代表）
支部：各都道府県の県庁所在地
ＨＰアドレス／http://www.jasso.go.jp/

A2 学校独自の奨学金制度もあり 「特待生制度」と「奨学金制度」を利用

私立学校もそれぞれ独自に「奨学金制度」を設けていますが、その性格から2つに大きく分けることができます。

一つは「特待生制度」です。これは、入学試験や各学年における成績上位者に対して、授業料やその他の学校納付金の全額あるいは一部を免除したり、奨学金を給付するというものです。条件や内容は学校によって異なりますが、ほとんどは返済義務のない「支給」になっています。

もう一つは、いわゆる「奨学金制度」です。在学中に家庭の経済状態が急変した場合や、そのほかの経済的理由で就学困難になった生徒に対して、学校納付金の全額あるいは一部を免除したり、奨学金を給付するというもので、こちらは、返済義務のあるケースとないケースとがあります。首都圏では、約4割の学校が「奨学金制度」を導入しています。

詳しくは、各学校にお問い合わせください。

（『進学レーダー』編集部）

●自治体の奨学金制度（例）　（2010年現在）

自治体名	貸付条件など
●東京都育英資金 TEL.03-5206-7929 （財団法人東京都私学財団融資部）	貸与月額は私立35,000円。高校1年次に申し込み。貸与は卒業まで。返還は年1回または2回で、貸与金額に応じて返済期間は異なる。3年間の貸与で最長12年を目安に返済（貸与期間の4倍の年数まで）。家計が急変した際の特別募集もあり。
●神奈川県高等学校奨学金 TEL.045-210-8251（代表） （教育委員会教育局高校教育課学事育英班）	貸与月額は私立40,000円。毎年4月に募集（ただし、家計が急変した際の特別募集もあり）。返還は年1回または2回、貸与期間の4倍に相当する期間内に行う。
●千葉県奨学資金 TEL.043-223-4042 （教育庁企画管理部企画財務課）	貸与月額は私立30,000円（収入によって異なる）。高校1年次に申し込み。貸与は卒業まで。返還は規定の年数以内（無利子）。

私立中学生に聞いた、受験生活と中学生活

受験生活のなかで不安だったこと、うれしかったこと、さらに学校生活について、私立中学に通う先輩たちに聞いてみました。中学受験をしてみて、ホントに良かった?

全部落ちたらどうしよう、とっても不安でした

受験勉強中に不安だったことのトップは、「全部落ちたらどうしよう」「行きたい学校に合格できなかったらどうしよう」ということ。これは中学受験だけでなく、どの受験でもつきまとう不安です。

なかには、「第1志望の学校にどうしても入りたかったので、受験直前には不安と緊張でガチガチでした」「受験の1カ月くらい前から、志望校に落ちた夢を何度も見ました」という声も。その気持ち、痛いほどよくわかります。

入試が始まる少し前の11月ごろには、「過去の入試問題をやってみて、こんなむずかしい問題が解けるのかと不安になった」「模試でいい点がとれたときはうれしいけど、本番でもいい点がとれるだろうかと不安になった」「勉強をやればやるほど、こんな勉強法でいいのだろうか、もっと勉強時間を増やす必要があるのではないか、

もあったようです。と思うようになった」ということ

塾と学校との両立には、いろいろ苦労しました

こんな不安な気持ちをかかえながらも、志望校に合格するために、受験生はとにかく勉強に励まなくてはなりません。ほとんどの人は塾に通っていましたが、学校との両立には苦労したようです。

「中学受験をする生徒が少なかったので、仲間外れのようになってしまった」「1月のマラソン大会を、風邪気味だったので大事をとって休んだら、先生やクラスの友だちから思い切り非難された」「学校の宿題がいっぱい出たときは、塾から帰ってからやるので、睡眠時間が少なくなって眠かった」など、大変だった話が次々と出てきます。

さらに、「塾に通っていたので、放課後同じ小学校の友だちと遊ぶ時間がまったくなかった」「テレビを見る時間がないので、学校でテレビの話に加われなかった」「休みの日に友だちが遊んでいるときも、自分は勉強しなければならなかった」ということも。

我慢することは家庭内にも。「塾の日は弁当を持って行くので、家族一緒に夕食を食べる機会が少なくなって寂しかった」という声のほかに、「父が受験に反対で、しょっちゅう母と言い争っていて家庭内が暗かった」「母が顔を見るたびに勉強のことをうるさく言うので、嫌になった」というのは、ちょっと耳が痛い話です。

うれしいことのなかでも、いちばんは「合格！」

しかし、母親から口うるさく言われたことを、「そのときは嫌だと思ったけど、言われなければ勉強をやらなかったかもしれないの

で、いまは感謝している」という、ホッとする意見もありました。

「同じ中学校をめざしていた親友が、6年の2学期になって志望校を変えてしまった。でも、ずーっと私の受験を応援してくれて、とてもうれしかった」「塾で、学校とは違う友だちができて楽しかった」「家族が私の受験に協力してくれてありがたかった」など、うれしかった話もたくさん。でも、いちばんうれしかったのは全員一致で、「合格したこと！」。これは当然のことですね。

受験を経験することで、得られるものは大きい

不安だったり、苦労もあったり、そしてうれしいこともある受験体験をとおして、受験生はそれぞれ何かをつかんでいったようです。

「最後まであきらめずにがんばることを、身をもって体験できて、自信がついた」「自分の将来の夢と、それを実現するために、どう努力していくかということを確認できた」「遊ぶ時間が少なかったので、時間を有効に使って、息抜きの時間などを工夫してつくった。メリハリのある生活ができた」「受験勉強をしたおかげで、予習や復習などの家庭学習があまり苦にならなくなった」など、ひとまわり大きくなった彼らの姿が見えます。

中高一貫だから時間にゆとり。部活にも専念

では、希望の中学に実際入ってみての感想はどうでしょう。入学前に思っていたことと、現実にギャップはなかったのでしょうか。

「中高一貫教育なので、班活動や体育祭などで高校の先輩と一緒になることが多く、何かと親切に教えてもらってます」「高校受験がないので、毎日にゆとりがあります。テニス部に入っていますが、先輩とも仲良くなれて楽しいです」「バスケに打ち込んでいます。学校全体が部活に熱心に取り組む雰囲気なので、活気があります」「バンドを組んで文化祭で発表したりしています。時間にゆとりがあるから、友だちとの仲も深められますね。友だちの家に泊まりにも行くことも」と、高校受験を意識しないでいいだけ、気持ちも時間も余裕があり、のびのびとした日々を送っているようです。

補習・補講の充実など、勉強面でも充実している

勉強面ではどうでしょう。「家庭学習のプリントがたくさん出て、それをやっていくうちに、勉強のやり方がわかってきた」

（女子校中2）、「のんびりした校風かと思っていたら、授業の進度が速くて、勉強についていくのが大変。でもおかげで毎日復習する習慣がついた」（共学校中3）、「手作りのプリントや問題集を使うので、授業の内容が充実している」（女子校中3）、「補習・補講が整っていて、テストでできなかったことをしっかり教えてもらえる」（男子校中1）など、勉強面でも満足していることがうかがえます。

また、語学研修旅行やホームステイを実施している学校も多く、「中3の3月に、2週間のニュージーランド語学研修があるので待ち遠しいです」（共学校中2）、「希望者はアメリカとイギリスにホームステイに行く機会があります」（男子校中3）と、海外交流の機会が豊富なのも、私学ならではの魅力です。

あとで後悔しないように、自分に合った学校を選ぶ

最後にこれから受験する後輩には、「受験する学校を見学するのはもちろん、校則や制服もよく確認して、自分がどんな学校に行きたいのかよく考えて」（女子校中2）、「押さえの学校も自分に合う学校にすること。偏差値だけで決めてしまうと、あとで後悔することになる」（男子校中3）などのアドバイスが。そして「やっぱり中高6年間に受験がないほうが、自分の好きなことができる。同じ受験するなら早いうちにしたほうがいい」（共学校高1）というのが、みんなの一致した意見でした。

COLUMN

COLUMN 1

中学受験には家族の協力が不可欠です

中学受験を共有することで、子どもと強いきずなが

中学受験は子どもだけでなく、家族全員で乗り越えていくものです。もちろん、そこには母親だけでなく、父親の協力も不可欠だと言えるでしょう。

まず、学校説明会や学校見学会などには、できるだけ一緒に行きます。同じ説明会に出席しても、その学校の印象が母親と父親とで違うことはよくあること。やはり、子どもが受ける学校は、両方の親の目でしっかり見て選びたいものです。休日に開かれる学校説明会では、最近父親の姿も多く見られます。

日常の細かい部分は母親にまかせるにしても、子どもが勉強などで行きづまっているようなときは父親の出番です。とかく母親は勉強に関してガミガミと言いがちなもの。そんなとき父親は、「大丈夫だ、自信をもて」と言ってなぐさめ、励ましましょう。両方の親が「受験、受験」と言ってしまうと、本人は逃げ場がなくなってしまいますから、こうしたバランスは必要です。

日ごろはあまり協力的でなくても、願書を書いて提出するのは父親の役目、という家庭は多いようです。出勤前に願書を提出するために、学校に向かう父親の姿を目にすることもあります。「このくらいしかできなくて」という親心が泣かせます。

いよいよ入試本番の日。母親は弟や妹がいると朝から家を出にくいということで、父親が代わりに付き添うことがあります。また場合によっては入試、発表、入学手続きが1日のうちに集中することもあり、そこで夫婦の連携も必要になります。そのためには、入試前後1週間にまとめて休みをとる、ということを考えてもいいのではないでしょうか。

2章

志望校合格直後にするべきこと

祝！合格！ さて、お礼や報告は……

志望校に合格したら、
進学塾や家庭教師の先生にお礼をしたり、
小学校の先生に報告します。
感謝を込めたお礼のしかたや、
入学前の諸手続きの
方法を紹介します。

主な質問

◆塾へのお礼はどうするの？
◆小学校の担任への報告はどうするの？
◆合格祝いのお返しはどうするの？
◆役所への届け出はどうするの？

Q1 塾へのお礼はどうすればいいのでしょうか？　子どもと一緒に行ってあいさつをするべきでしょうか？

A1 電話で確認してから出かけました
塾には恒例のお酒で、先生にはハンカチを

塾の最後の父母会のとき、室長の先生から「もしもお礼をと思ってくださるなら、この塾では〝お酒〟が恒例となっています。報告には、一段落した2月5～6日ごろからお願いします」とお話がありました。

合否も出そろい、そろそろいいかなという時期になったので、事前に塾に電話をして伺っていいか確認して行きました。塾にはお約束の〝お酒〟を、個人的にお世話になった先生にはハンカチを差し上げました。

（東京都中野区　N・K）

A2 結果報告の電話をすぐ入れました
塾に菓子折りを届け、個別の謝礼はなし

塾で結果を報告するように言われていたので、発表当日に合否に関係

なく、親から結果報告の電話を入れました。その後、あらためてハガキで合否をたずねられました。

大手塾の場合は、受験番号をあらかじめ子どもから聞いていて、当日塾のスタッフが発表を見に行って、結果をすでに知っているようです。

謝礼は、塾の先生方がみなさんで食べられるような菓子折りを届けました。なかには1〜2万円くらいの胡蝶蘭の鉢植えを届けた方もいたようですが……。

先生への個人的な謝礼はとくに何もしませんでした。

（埼玉県さいたま市　A・U）

A3 一段落したころに子どもと一緒に 個人的に謝礼するかは、各自の状況で判断を

塾の先生は一人ひとりの受験生のことを心にかけてます。ですから合否に関わらず、発表当日にとり急ぎでも電話で連絡するのが礼儀だと思います。もし不合格の場合は、すぐ次の対策や相談に乗ってくださいますし。

首都圏の入試は2月1〜3日に集中しているので、そのときは電話での報告にとどめ、少し落ち着きはじめる2月4〜6日に直接塾に行ってお礼を言いました。

結局、わが家の場合は、塾の先生やスタッフの方々で召し上がっていただけるようなお菓子を、子どもと一緒に持って行きました。

そのとき気づいたのですが、お礼としてお菓子を持って来るご家庭が多いようで、お菓子が山積みになっていました。お菓子以外の、飲みものや鉢の生花などのほうが気が利いていたかな、と少し後悔しました。

うちの場合、とくにお世話になった先生には、別に商品券を謝礼として渡しましたが、それはあくまでも気持ちの問題で、日ごろどれだけ先生にお世話になったかなどによって、個人差があると思います。

各自で判断し、必ずしもする必要はないと思います。私のまわりでは、商品券で1万円前後という方が多かったです。

（東京都世田谷区　M・H）

ちょっと コラム

合否に関係なく発表後には、すぐに塾に連絡を入れましょう。不合格だった場合でも、次の試験への対応を考えてくれます。塾や担当の先生へのお礼は、塾によって事情が違うようです。大切なのはあくまでも感謝の気持ちです。お礼の言葉だけでも十分です。合格の一報が、なによりものお礼なのですから。

Q2 小学校の先生には、合格したことをどのように報告したらいいのでしょうか？

A ① 本人が直接報告しました

先生に迷惑になるので、個人的なお礼は遠慮

あらかじめ手紙で受験スケジュールを担任の先生に伝えていたので、あとは発表のたびに結果を電話で報告していました。

すべての試験が終わり、進学先が決まってから、あらためて本人が担任の先生に報告したのですが、「よかったな、これからもがんばれよ」と声をかけていただいたようで、親子ともどもうれしかったです。

調査書を書いていただいたお礼を持って、私も学校に行こうかと思いましたが、個人的にお礼をしても受け取っていただけないですし、かえってご迷惑になると聞いていたので、職員室でみなさんで食べていただけるようなお菓子を送りました。

それでも、「こういうことは必要

ありませんから、決してなさらないでください」と、あとから担任の先生にやんわりとたしなめられました。

塾ではお礼の品は問題なかったのですが、小学校の先生は塾の先生とは違うので、そのあたりのことは配慮しないといけないと思います。

（東京都世田谷区　Y・K）

A2 結果報告は必ずしてほしいです　調査書を書いたお礼に、金品や品物は迷惑

合格はもちろん、不合格のときも受験結果は必ず知らせていただきたいですね。

塾には発表があるたびに知らせるという父母でも、小学校には報告を忘れている、ということが毎年結構あります。

お子さんが受験すると聞いているのに、こちらから本人に結果を確認しなければならないというのは、ある意味で具合の悪いものです。

結果が良かったときはお子さんと一緒に喜び合いたいし、希望の学校が不合格で落ち込んでいる子どもには、それなりに配慮をしたいと思うので、やはり報告はしていただきたいですね。

また、調査書を書いたご家庭から、入学する学校が決まった時点でお礼をいただくことがあるのですが、これは本当に困ります。

デパートの商品券や図書券などが多いのですが、お断りしても押し問答になってしまうので、その場では一応受け取りますが、あとで同じものをお返しするようにしています。

自宅に送られてきたお礼は、中を開けずに上から梱包し直して送り返しています。手間と郵送料もバカにならないのでいっさいやめていただきたいのです。

調査書を書くのに労力と時間を費やしたのは確かですが、これも仕事のうちですし、お礼の品を贈られるようなことではありません。

とにかく合否の結果の報告と感謝の言葉だけで十分です。このことを忘れないでください。

（神奈川県・市立小学校教諭）

ちょっとコラム

小学校の担任の先生には受験結果が決まり次第、すみやかに連絡を入れます。

小学校の先生に個人的にお礼をするのはかえって迷惑をかけてしまいますから、くれぐれもやめましょう。卒業式のときに商品券を入れた花束を渡して、先生を困らせたという笑えない話もあります。

Q 3 知り合いから合格祝いをいただきました。お返しはどうしたらいいのでしょうか？

A 1 お返しには入学式などの写真を添えて

内祝いを本人が持参しました

主人と私の両親から、それぞれ入学祝いということで現金が送られてきました。

入学金などでなにかと出費の多い時期ですから助かりましたね。制服、体操着、かばんなど入学に必要なものでほとんど使ってしまいましたが、本当に親はありがたいです。

お祝いのお返しは商品券1万円分と、入学式のときの写真を一緒に送りました。また、本人からのお礼の言葉を書いたカードも添えました。

私の友人からは、図書券と「合格おめでとう」と書かれたカードが送られてきました。

入学式の帰りにデパートに寄って内祝いの食器を買い、子どもが制服を着て直接持って行きました。品物はいただいた額の半分くらいを目安にして選びました。

入学式のときに撮った写真でテレホンカードを作り、親と本人のお礼の手紙を添えて送った、という方もいらっしゃいましたよ。

（千葉県柏市　T・K）

A2 本来は、お返しは不要です
お礼の気持ちは、必ず本人が伝えるように

入学祝いは内輪での私的なお祝い事なので、お祝いをもらうのも身内や、ごく親しいお友だちなどに限られます。

そのため昔からお返しは不要とされてきました。しかし、お返しは不要でも「お礼」の気持ちはきちんと伝えたいものです。

親だけでなく、お祝いをいただいた本人がお礼を言うことが大切です。その方法としては、電話、口頭、手紙（カード）などがあります。

言葉だけでのお礼だけでなく、入学式の晴れ姿やいただいたプレゼントを使っている様子の写真などを同封すると、より心がこもります。

ご近所の方からいただいた場合は、式の当日に親子であいさつに行ってもいいでしょう。

内祝いを渡す場合は、いただいた額の3分の1から半分くらいを目安にし、品物だけ送るのでなく、必ずお礼のメッセージを添えましょう。

親族からのお祝いには、身内で簡単なパーティを開いてお返しに代えるという家庭も増えています。

また、お祝いをいただいた方のお子さんが入学するときには、いただいたものと同額程度のお祝いをするといいですね。

（東京都中央区　H・K）

ちょっと コラム

入学祝いの金包みを開けたら中がカラッポ……、こんなときはどうすればいいでしょう。これは先方の過ちなので、ありのままを伝えても失礼にはなりません。しかし、いただいた方との関係などを考えて、伝えることで気まずくなるようなら黙っておいたほうがいいでしょう。そのかわり、言わないと決めたら決して誰に対しても口外しないで、できるだけ早く忘れるようにします。

伝える場合はすぐ本人に電話をします。まずはお祝いをいただいたお礼を言ってから、「実は中身が入っていなかったんですが……」と切り出します。この“電話で直接”というのが、ポイントです。手紙やファックス、留守番電話などあとに残ってしまう手段は避けましょう。

Q4 家庭教師をしていただいた先生には、どのようなお礼をしたらいいのでしょうか？

A1 お礼として商品券を渡しました

お礼の気持ちを無理のない程度で

知り合いの息子さん（大学生）に、5年生のときから2年間、家庭教師をお願いしました。その方が、志望校の卒業生であり、人柄がいいのもわかっていたからです。

うちの子は算数が苦手だったのですが、つまずいた箇所に戻って、ていねいに教えていただき、成績も上がっていきました。

文化祭や体育祭にも一緒に行ってくださり、頼れるお兄さんに教えてもらうという感じで、本人も安心して勉強できたようです。おかげで第1志望校に合格しました。

無事合格できたのも家庭教師をしていただいたおかげと思い、お礼の気持ちで商品券5千円分を差し上げました。また、合格祝いのささやかなパーティにも招待しました。

うちの場合は知り合いの方でしたから、夏と秋に気持ちばかりのものを差し上げましたが、家庭教師センターから派遣されてくる先生には、そういう心づかいはいっさいしないようにと言われているようです。


（千葉県千葉市　O・Y）

A 2 家庭教師センターなら、規定料金以外必要なし

お礼はまったく不要です

家庭教師センターから派遣される家庭教師に対しては、入会金や月謝など決められた費用以外の「お金」は、いっさい不要です。ですから合格のお礼として金品を贈ることも不要です。

たまに「夕食やおやつなどを用意しないといけないのでしょうか」、というような質問をされることもありますが、これもまったく不要です。休憩時間にお茶の1杯くらいを出して、お子さんとのコミュニケーションを図ってもらう程度はかまわないと思いますが……。

とは言っても、お子さんと家庭教師は1対1のつき合いですから、ご家庭によっては、「おかげさまで合格できました」と、お礼の気持ちを表わしたい、ということもあるかもしれません。

その場合でも、結果の報告とお礼の気持ちを電話や手紙で伝えていただければ、それだけで十分です。

家庭教師に対しては、想像以上の「お金」がかかるのではないかという不安をもたれるご父母もいるようです。しかし、そういう不透明さはまったくないことをご理解いただき、安心して家庭教師センターを利用していただければと思います。

われわれにとっていちばんうれしいのは、「いい家庭教師を派遣してくれて良かった」というような感謝の言葉をいただいたり、「下の子どものときもぜひお願いしたい」「お友だちにも紹介したい」というような声を聞かせていただくことです。


（日能研プラネット・家庭教師派遣「ユリウス」）

ちょっとコラム

家庭教師にかかる費用は、入会金（家庭教師センターで紹介された場合のみ）、月謝、自宅までの交通費の実費などです。合格のお礼などは、センター派遣の先生の場合は、いっさい不要です。一方、知り合いなどからの紹介の場合は、各家庭で違います。なかには月謝3カ月分を渡したというケースも……。

Q5 私立中学に入学することを、役所にはどうやって届けるのでしょうか？

A1 公立中学の説明会はキャンセル 「入学許可証」をもらって、役所に提出するだけ

わが家のある横須賀市では、2月5日に地元の公立中学の入学説明会が予定されていましたので、市役所に電話をして、説明会には欠席することを伝えました。そのときなぜ出席しないのかと理由を聞かれたので、私立中学に進学する予定だからと答えると、地元の公立中学にも知らせるようにと言われ、すぐに公立中学にも電話を入れました。

合格後に、進学する私立中学から「入学許可証」をいただき、これを提出するように指示がありましたので、市役所に持参しました。

この「入学許可証」を提出しただけで、ほかにはとくに何も手続きは必要ありませんでした。

（神奈川県横須賀市　M・A）

A2 区から就学通知書が届きました
往復ハガキを返信して、私立中学進学を明示

世田谷区では、1月上旬に区役所から「就学通知書」が往復ハガキで届きましたので、それに私立中学に進学希望と記入して、返信しました。

地元の公立中学には、とくに何も連絡しませんでした。

その後、合格した私立中学から「入学許可証」をいただき、区の出張所に提出して終わりでした。

（東京都世田谷区　M・I）

A3 小学校ですべてやってくれました
「入学許可証」をもらい、小学校に提出

市から地域の公立中学校への入学式の案内ハガキが届きました。

すでに私立中学に進学することが決まっていたので、その学校の「入学許可証」を小学校に提出したら、あとはすべて小学校のほうで手続きをしてくれました。

私の住んでいる近隣の公立小学校は、だいたいそうしてくれているようで、親としては大変助かりました。

（神奈川県相模原市　M・H）

ちょっと コラム

中学校までは義務教育なので、地域の公立中学に進学しないで私立中学に進学する場合は、役所に届け出る必要があります。届け出の方法は住んでいる自治体によって異なるので、役所からの通知によく目をとおしましょう。入学する中学から「入学許可証」をもらい、役所に提出するのが一般的のようです。

COLUMN

わが子にふさわしい学校を、自由に選べるのが魅力

家の近くにある公立中学に通学しないで、あえて受験勉強をしてでも私立中学を選ぶ理由とは何でしょうか。それは「私学にはすばらしい教育環境がある」という認識が、父母や子どもの間で年々高まっているからです。

以前、東京私立中学高等学校協会が、私立と公立の小・中・高に通う生徒の親10万名を対象に行ったアンケートによると、公立の魅力は「授業料が安い」ということのみでした。これは「学費」をのぞけば、私学のほうが断然魅力的であると思われている、と言い換えることもできます。

そのアンケートでは、「教育内容が良い」「特色や個性をもっている」「生徒の能力や個性に合った指導をしてくれる」の3項目では、私立が公立を圧倒的に上回っていました。

私立中学には、それぞれ独自の教育理念や校風があり、私立中学が100校あるとすれば、その魅力も100通りあります。ただし「将来の夢や目標、生き方までも見すえた指導」が行われる、ということは共通して言えると思います。そのなかから、家庭の教育方針に合った、わが子に最もふさわしい1校を選ぶことができる、それが私立中学に通わせたいという最大の理由であり、中学受験の最大の魅力なのです。

原則として、私立中高一貫校には高校受験はありません。そのため私学の生徒たちは、高校受験で学校生活を寸断されることもなく、ゆとりをもって勉強やクラブ活動に打ち込むことができます。

高校受験がないことは、私学のカリキュラムづくりに大きなメリットとなっています。たとえば、「生徒に高い学力をつける」ために習熟度別授業が行われ、「理解をうながし、学習効果を高める」ために少人数・分割授

COLUMN 2

私立と公立の違いとは？

業を行い、「生徒の興味を喚起し、教養を養うため」に、課外授業を行えるのです。このように、私学ではさまざまな工夫のもとに、充実した教育が実践されているのです。

さらに、2002年4月から公立小・中の「学習指導要領」が改訂され、以前の指導要領よりも最大3割の内容が削除されました。この新しい学習指導要領の実施に合わせる形で、公立の小・中・高では「月2回の学校週5日制」から「完全学校週5日制」に完全移行しました。これによって公立の主要5教科の授業時間数は減少し、一般的な例では、私立の週あたり23・7時間（平均）に対し、公立は14・9時間という数字が出ています。もちろん時間数が多ければいいというわけではありませんが、授業内容や時間数がスリム化していく公立校の現状を考えれば、その「差」の意味は大きいでしょう。

私学でも、授業日数を減らすことなく、また学力レベルを下げることなく、学校5日制に移行した学校もあります。また、変わらず6日制を堅持する学校も多くあります。

ここで注目したいのは、多くの私学で「生徒の学力は決して低下させない」と断言していることです。

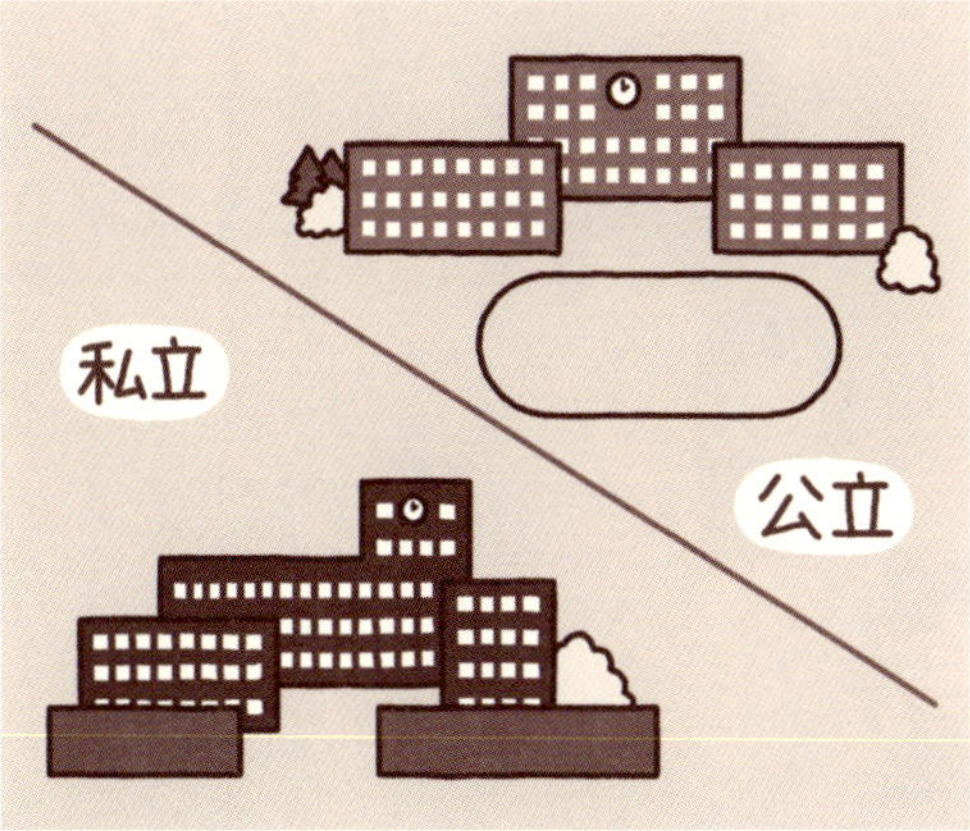

COLUMN

授業内容も授業時間数も、私学は圧倒的に違う！

授業の「中身」にしても、学習指導要領にかなりの部分で「拘束」される公立校に比べ、独自のカリキュラムを組む私学では、「雲泥の格差」が生じていることも事実です。

また、学校を選ぶとき、大学進学実績は志望校選びの決定打とはなりませんが、学習の成果を忠実に表しているものなので、選択の基準の一つにはなります。多くの私学が「生徒が望む進路に、現役で進学させるのが学校の使命」と断言しているように、わが子が6年後に希望する進路にきちんと進めるかどうかは重要です。

さらに、これまで中堅と言われてきた学校や、歴史の浅い〝若い学校〟も、グングン実績をあげている点も注目されます。

もちろん私学は、大学進学だけをめざして教育を行っているのではありません。中学・高校で学ぶべきことをきちんと教え、生徒が希望する進路や目標を一緒に探し、その実現のために協力を惜しまない、それが私学の教育なのです。

3章

入学式までに
準備するべきこと

中学校生活が始まる前に、準備するべきことは……

私立中学に進学が決定すると、入学までに学習しておくことや用意する書類などがあります。短い春休みを有効に使って、どのような準備をすればいいのか、先輩お母さんたちに聞きました。

主な質問

- ◆入学式までに準備・勉強しておくことは？
- ◆入学式の服装はどうしたらいいの？
- ◆辞典類はどんなものをそろえたらいいの？

Q1 入学式までに勉強しておいたほうがいいことは、具体的に何かありますか？

A1 中学校から宿題が出されました
英語の読み書きと漢字・四字熟語の勉強

長女（女子校）のときは、入学前に通った「Dr.フォニックス」（日能研プラネット）の先生に、「ある程度英語の読み書きができれば、スムーズに英語の授業に入っていくことができるので、簡単な単語は書けるようにしておいてください」と言われたので、Z会の入学準備号（英語・数学）を始めました。

長男（共学校）の場合は、新入生ガイダンスのときに、「国語は入学後に行う自己紹介文、数学は受験算数の復習と正の数・負の数の予習、英語はアルファベットとローマ字を覚える、辞書のひきかたの練習」という宿題が出て、各教科の先生からやりかたの説明があり、生徒が自分でメモをとるように言われました。

また、長男の学校では漢字検定が必修でしたので、入学前の宿題のほかに漢字、四字熟語などの復習をしっかりやりました。
（東京都練馬区　H・Y）

A 2 宿題はありませんでした
英語と算数の問題集、読書を自主的に

学校から出される入学前の宿題はなかったので、以前に習っていた英語を思い出しながらやり直しました。また、算数は『マスター1095題』（日能研ブックス）を続けてやっていました。国語も中学生用の問題集を買ってきて、いくつか文章題をやりました。ほかに、読書として長い物語を一冊読みました。

入学してから困らないように、各教科の復習などをしておいたほうがいいと思います。
（埼玉県さいたま市　A・N）

A 3 4月11日にテストがありました
専用の問題集と英語の短期講座を受講

中学（女子校）に入学してすぐの4月11日にテストがあるので、事前に問題集を学校からいただき、それをやりました。英語は、「標準ペンマンシップをやっておくように」「教科書のヒアリングテープも聴いておくように」というような指示があり、テープを渡されました。ほかに、「Dr.フォニックス」（日能研プラネット）の新中1用の短期講座に通いました。（神奈川県伊勢原市　Y・D）

A 4 経験のない英語を重点的に
「Dr.フォニックス」と通学の予行演習

これまで英語の経験がまったくなかったので、日能研プラネットで2〜3月に行われる「Dr.フォニックス」に通わせました。

あとは、受験から解放されたので、親子で遊びに出かけるなどして、のんびりと過ごしました。

入学直前には、早起きをさせ、実際に登校する時間帯の電車に二人で乗って、混雑状況を調べて、通いやすい通学経路を確認しました。
（神奈川県横須賀市　M・A）

※「Dr.フォニックス」（日能研プラネット）詳しくは0120−429439かホームページで。
http://www.dr-phonics.com

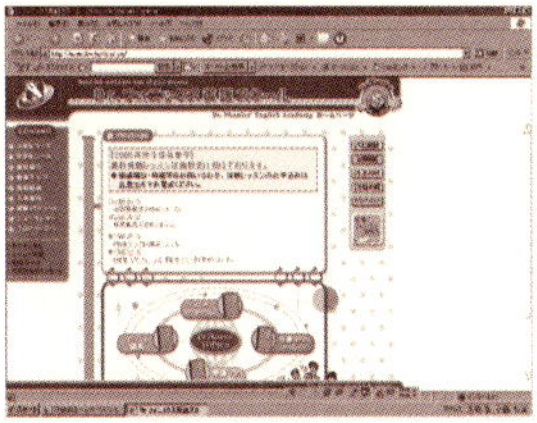
「Dr.フォニックス」の中学生コースでは“生きた英語”を学ぶ

Q2 入学式までに準備しておかなければならないことや、用意する書類などがあったら、教えてください

A1 「家庭調査書」が必要でした
不明な点は学校に連絡して書類を準備しよう

入学手続きが終わると、「家庭調査書」というものが配られて、記入して学校に提出しました。内容は、住所、電話番号、家族構成、緊急連絡先、子どもの性格（長所や短所）、家庭での教育方針、得意科目、学校に望むこと、などでした。

ほかには授業料が口座からの引き落としなので、そのための書類が必要でした。この書類は、自分で記入捺印したうえで銀行に持って行き、銀行の確認印を押してもらいます。私は、銀行に持って行かず、そのまま学校に提出して失敗しました。

書類を記入する際、不明な点があったら、遠慮しないで学校に電話をして聞きましょう。

（東京都練馬区　Ｈ・Ｎ）

A2 各種申込書と代金が必要でした
万一のときに備えて、修正液と印鑑を持参

入学式までに必要な書類としては、誓約書、新入生名簿作成用紙、預金口座振替依頼書、イギリス語学研修積立申込書などがありました。

また、入学後の2泊3日のオリエンテーションの申込書とその代金33、000円、体操服の代金37、000円なども必要でした。

その場で記入する場合、、書類の修正用に、「修正液」や「印鑑」を持参すると安心だと思います。

（東京都板橋区　M・Y）

A3 新入生登校日に各種書類を提出
春休み中の宿題は、読書と数学と英語

桜美林では、以下の書類を2回ある新入生登校日と、入学式に提出します。

A：提出書類

①誓約書
（第1回新入生登校日に提出）
②生徒身元票
（第1回新入生登校日に提出）
③入学証明書
（居住地の教育委員会へ提出）
④身分証明書（入学式に提出）
⑤健康調査票（入学式に提出）

B：宿題（新学期第1回ホームルームの時間に提出）

①国語／読書2冊以上、読書感想文
②数学／課題1問以上
③英語／・初めて英語を勉強する生徒が対象：ローマ字やアルファベットの練習
・すでに英語を勉強している生徒対象：第2回新入生登校日に、英語の筆記、リスニング、面接あり

（資料提供：桜美林・2002年度の場合）

ちょっと コラム

駅の駐輪場登録も忘れずに！

わが家の場合は、新小平駅から学校まで自転車を使うので、駅の駐輪場の予約に行ったら、「92人待ち」と言われてビックリしました。

駅の駐輪場は混んでいるので、早めに確保しておきましょう。

（埼玉県岩槻市　E・S）

「住民票」で大あわて！

明治大学付属明治の入学手続きで、住民票が必要だとあったので、事前にとっておいたのですが、書類をよく見ると「住民票に代わるものとして、学校制定の書類に、住所、氏名、生年月日を書き込んで、役所で証明印をもらう」というものでした。あわてて役所へ。書類はしっかり見て確認しておきましょう。

（千葉県松戸市　S・S）

Q3 入学式の服装はどんなものがいいのでしょうか？　また、入学式でのアドバイスはありますか？

A1 TPOをわきまえた服装を選んで
主役は子どもだから親は派手な服は避けて

子どもは当然制服です。私は、ブラックフォーマルのスーツでした。式には主人も出席しましたが、ごくごくふつうのスーツでしたね。あまり派手過ぎずにTPOをわきまえた、年齢相応な服装でいいのでは。主役は子どもですから。でも、私はちゃっかり新調しちゃいました。

（東京都大田区　N・O）

A2 明るめの色のスーツにしました
入学式の記念写真もひと工夫して

「入学式に親はなにを着て行こうか」と知人に相談したところ、「卒業式は紺か黒のシックなもの、入学式はおめでたいので明るめの色の服がいい」とアドバイスをもらいました。私は、淡いピンクのスーツを着て行きました。入学式が終ったあと、記念写真を撮るので、明るい色のほうが顔色がよく見えて良かったなと思いました。

　入学式は学校の記念会館で行われたのですが、保護者席は2階だったので、写真を撮ろうと思ってもコンパクトカメラでは小さく写ってしまいました。しっかり撮りたい場合は、望遠機能のついたカメラを持参したほうがいいかもしれません。

　お世話になった方々にオリジナルテレホンカードを贈りたい場合は、恒例の校門記念写真のほか、桜などを入れてアップで撮るときれいです。

　私は、ビデオは荷物になるので持って行きませんでしたが、ビデオを撮影する場合は、ほかの保護者の方の迷惑にならないように、マナーを十分に守ってくださいね。

（東京都北区　Y・Y）

A3 私服の場合は面接のときの服装

親はスーツが多い。上履きを持参すること

　私服の学校の場合は、面接のときに着て行った洋服でいいと思います。

親は、紺かベージュのスーツが多かったようです。用意するものは、学校によってそれぞれ異なると思いますが、入学式当日は「上履き」を忘れないように！　上の子のときに、ほかの持ち物に気を取られ、忘れてしまいました。何人か同じような方がいたので、気をつけてください。
（神奈川県相模原市　H・Z）

A4 式にふさわしいきちんとした洋服

春らしい淡い色のスーツの方が多い

　子どもは当然制服を着ました。親はスーツが最も多く、次はワンピースでした。色は春ということもあり、紺系やグレー系のほかに、春らしい淡い色の方も多かったようです。着物姿は数えるほどでした。黒も少なかったです。「式にふさわしいきちんとしたもの」がいいと思います。

（東京都北区　Y・Y）

Q4 学校で使う英和辞典や漢和辞典は、どのようなものをそろえたらいいのでしょうか？

A1 英語の辞典は学校から指示がある
国語辞典は漢字検定に利用できる辞書を購入

英語の辞典は、学校から具体的な指示がありましたが、すでに持っている人はそれでいいとのことだったので、以前から使っていた中学生用の辞典をそのまま使っています。

国語辞典の場合も同様ですが、息子が通っている共学校は、漢字テストが多くて、漢字検定からの出題が多いので、財団法人日本漢字能力検定協会が発行している『漢検　常用漢字辞典』を買いました。

（神奈川県横浜市　Y・T）

A2 英語の辞典は学校内で書店が販売
学校指定の英語辞典は、割引があってお得

英語の辞典は、学校に書店が販売に来ていました。娘が通う女子校で推薦している辞典は、『ニューヴィ

クトリーアンカー』（学習研究社）、『チャレンジ』（ベネッセコーポレーション）、『初級クラウン』（三省堂）の3種で、少し割引がありました。のちに買い替えるつもりで、入門用として『チャレンジ』の英和辞典と和英辞典を買いました。

国語辞典、漢和辞典、古語辞典は家にあったものを使っていましたが、国語辞典だけは中1の後期に新しいものに買い替えました。

友人は、合格祝いに辞典をいただき、それを使っているそうです。

（神奈川県横須賀市　M・A）

A2 小学校の卒業記念品が英語の辞典 学校からの推薦辞典を親子で購入に

卒業記念に、小学校から『ジャンプ英和辞典』（小学館）と『初級クラウン和英辞典』（三省堂）をいただきました。ほかの辞典は、娘が通う共学校から「推薦辞典一覧」のプリントが渡されてから検討しました。

国語の辞典は、家にあったものを最初は使っていたのですが、子どもから「みんなが使っている学校推薦の辞典のほうが見やすい」と言われ、一緒に書店に行って確認したところ、確かにカラー印刷で見やすく、わかりやすかったので購入しました。

学校からとくに指定がない場合は、教科担当の先生にお勧めの辞典を聞くのもいいでしょう。

（埼玉県戸田市　Y・A）

A3 入学式に推薦辞書申込書を配布 入学後に申込み、4月上旬に校内で販売

渋谷教育学園幕張の場合は、入学式に「推薦辞典申込書」を配布し、入学後、代金（割引あり）を添えて申込み、4月上旬に校内の売店で辞書を受け取ります。

●推薦辞典一覧

■国語辞典／国語辞典（旺文社）、新潮現代国語辞典（新潮社）、岩波国語辞典（岩波書店）

■漢和辞典／現代漢字語辞典（角川書店）、漢語林（大修館）、漢字典（旺文社）

■古語辞典／全訳古語辞典（ベネッセコーポレーション）、全訳古語例解辞典（小学館）、全訳古語辞典（旺文社）、全訳読解古語辞典（三省堂）

■英和辞典／フェイバリット英和辞典（東京書籍）、ルミナス英和辞典（研究社）、新グローバル英和辞典（三省堂）、ジーニアス英和辞典（大修館）

■和英辞典／フェイバリット和英辞典（東京書籍）、ルミナス和英辞典（研究社）、サンライズクエスト和英辞典（旺文社）

（資料提供：渋谷教育学園幕張・2002年度の場合）

COLUMN

COLUMN 3

土日も利用できる行政サービス機関

土日でも「住民票」を申請・受理できるサービスを利用

入学手続きの際に、「住民票」や「戸籍謄(抄)本」などが必要になる中学校があります。しかし、「平日は仕事があって役所に行けない」という保護者も少なくありません。そんなときに役立つのが、土曜日・日曜日も利用できる「休日行政サービスコーナー」や「夜間ポスト」です。

たとえば、「横浜市行政サービスコーナー」では、開庁前・閉庁後(7時半~19時)、土曜日、日曜日(9時~17時)も住民票などの証明書の受付および交付を行っています。

また、千葉県市原市の「夜間ポスト」は、「住民票等申請箱」に備え付けの封筒に申請用紙と手数料、返信用封筒を入れて提出すると、後日証明書を郵送してくれます。

ほかにも、「自動発行機」や「自動交付機」などを、役所や主要施設などに設置している場合があります。こうした行政サービスを利用すれば、貴重な時間を有効に使え、必要な書類を入手できます。ただし、入学手続きの締切日が翌日で、住民票などが必要な場合は、開庁時間内に申請・交付をすませることです。休日および夜間のサービスを利用する場合は、その交付時間を必ず確認するようにしましょう。

さらに、2002年から「住民基本台帳ネットワークシステム」(住基ネット)が稼動し、2003年から、居住地の役所以外の役所でも、「住民票」などの申請・受理ができるようになります(対応しない地域もありますので、ご確認ください)。

詳細は、最寄りの役所にお問い合わせください(各市単位のホームページで紹介している場合もあります)。

4章

初めての中学校生活

中学校生活スタート！
上手な学校との
つき合い方とは……

私立中学に入学したのは
いいけれど、
予想外のことや
入学してから初めて
知ったことも……。
とまどっているお母さん方！
お悩みにおこたえします。

主な質問

◆担任の先生には、いつあいさつをするの？
◆オリエンテーションはどんなことをするの？
◆保護者会、参観日、バザー出席時の服装は？
◆仕事の都合で保護者会に出席できないときは？

Q1 担任の先生にあいさつしたいのですが、どんなタイミングでしたらいいのでしょうか？

A1 入学式後の保護者会で自己紹介 個人面談のときまで、とくにあいさつはなし

子どもの学校は共学校ですが、入学式のあとに、教室で保護者会が開かれました。まず、担任の先生からのあいさつがあり、保護者もそれぞれ自己紹介をしました。子どもの氏名、出身小学校、兄弟関係などに加え、子どもの性格などを話し、「よろしくお願いします」とあいさつする保護者がほとんどでした。

私はそれに加えて、子どもが文化祭を見てこの学校を選んだことや、クラブは野球部に入りたいと言っているということ、しかし、通学に2時間近くかかるので、クラブ活動で遅くなると勉強の時間がなくならないか心配していること、などを話しました。

ほかにも、小学校時代のエピソー

ドをおもしろおかしく話したり、受験時での失敗談をユーモアたっぷりに話した保護者もいました。先生をはじめ保護者の方々も和気あいあいとした雰囲気で、ホッとしました。

入学式の直後で、まだ先生も子どものことは何も知らないと思ったので、個人的に先生にあいさつするということはしませんでした。なかには会の終了後にあいさつしている保護者もいましたが、私は結局、1学期末の個人面談までは、とくにあいさつはしませんでした。

（神奈川県相模原市　K・S）

A2 最初の保護者会終了後にあいさつ
特別なことがなければ、しなくても大丈夫

同じ女子校のお母さんから、個人面談があると聞いていたので、そのときに先生にあいさつするつもりでいました。ところが、娘が入学早々に体調を崩し、1週間ほど休んでしまったので、最初の保護者会の終了後にあいさつをしました。「○○の母です」と声をかけると、「その後お子さんはいかがですか。最近は元気に通っているので安心していますが」と応えてくださいました。

私は、娘が授業についていけているか、友だちと仲良くできているかなどが気になっていたので、そのことをたずねたら、「楽しそうにしているし、勉強も遅れはないようですよ。でも、もし何か困ったことがあったら気軽に相談してください」と言われ、ホッと安心しました。

最初の保護者会の終了後に、あいさつをする保護者は何人かいましたが、あいさつをしなかったからといって、特別に不都合があるとは思えません。

（東京都杉並区　T・H）

ちょっとコラム

担任の先生に、どのようなタイミングであいさつをすればいいかで悩む親は多いようです。しかし、保護者からあいさつをされた、されなかったということを、担任の先生はことさら気にしないと聞きます。ですから、あいさつについてはあまり気にする必要はありません。

多くの学校では、入学後に父母が参加する個人面談があるので、そこであいさつすれば十分です。

もちろん、どうしてもあいさつしたいのであれば、たとえば初めての保護者会のあとなどに、ちょっとあいさつしてもいいでしょう。

むしろあいさつすることより、何か心配なことがあったときには、その都度担任の先生に相談することのほうが大切です。

Q2 入学してすぐにオリエンテーションがあるようですが、どんなことをするのでしょうか？

A1 2泊のキャンプがありました たがいにニックネームで呼び合う仲に

入学後、すぐに2泊3日のオリエンテーション・キャンプがありました。キリスト教系の女子校なので、軽井沢にあるキリスト教関連の施設で、礼拝の仕方やキリスト教の教えについてのお話があったようです。

おたがいの名前が早くわかるように、手づくりの木の名札を身につけ、班ごとにテーマを決めてお城や家などの作品をつくったり、楽しいゲーム大会もあったそうです。

また、校長先生がピカチュウの着ぐるみで現れて大ウケだったとか。校長先生の年齢当てゲームでは、実際よりかなり上の年齢を答えて、「もう、遊んであげない！」と先生がすねてしまわれたとか、おもしろいエピソードを話してくれました。

出発前はまだ友だちもいないし、入学早々ということでとても不安がっていたのに、帰ってきたらみんなと仲良しになり、たがいにニックネームで呼び合うようになったと、行く前がウソのように楽しそうでした。

その週末には、仲良くなった友だちとさっそく遊びに出かけて行ったので、親としてもひと安心でした。

キャンプから帰ってきてからは教室もにぎやかになったそうで、入学してすぐに実施されて良かったと親子ともども思いました。

（神奈川県相模原市　H・M）

A2 クラスの人たちとより親しくなれて

クラス単位で山荘に行きました

娘が通う女子校では、6月初めから1クラスずつ2泊3日で軽井沢にある学校の山荘に行きました。

到着日の午後と2日目の朝に、「聖書講話」があったそうです。

2日目の午後は近くの山にハイキングに出かけて、けっこう疲れたと言っていましたが、クラスの人たちとより親しくなれたようでした。

事前に「山荘ノート」が渡され、軽井沢の地理などを調べてから出かけ、バスの中で先生からさらに詳しく説明があり、中間テストの地理の問題としても出題されたそうです。

（神奈川県伊勢原市　M・K）

A3 たくさんの友だちと、仲良くなるきっかけに

手づくりの名刺をつくりました

娘は共学校ですが、4月にオリエンテーション週間があり、校内の地図を見ながら学校にどんな施設があるか探したり、自作の名刺を交換したようです。名刺づくりは宿題として出され、色画用紙を各自が自由な形に切って、自分のプロフィールや好きなイラストも入れていました。

5月の連休明けには研修旅行で西湖へ。樹海探検や夜行性動物の観察などを体験してきました。友だちともすぐに打ち解け、バスの中ではそれまでしゃべったことのない人とも話せて、とても楽しかったそうです。

（神奈川県横須賀市　R・A）

ちょっと コラム

学校生活や友だちと早くなじめるように、多くの学校ではさまざまなオリエンテーションが行われています。その内容も校内探策や手づくりの名刺交換、泊まりがけのキャンプなどバラエティに富んでいます。泊まりがけのキャンプは一緒に寝泊まりすることで、気心が知れ合い、より親しくなれるようです。

Q3 保護者会、バザー、参観日などに出席するときの服装について教えてください

A
①ラフ過ぎず、派手過ぎないものを
場違いな格好はひんしゅくもの?!

保護者会には、最初はスーツで出席する保護者がほとんどでしたが、2回目以降はセーターにパンツやスカート、ワンピースなどになりました。授業参観日も同様です。

バザーなどの学校行事に参加する場合は、汚れてもかまわないような、活動的な服装が多いですね。ほかのクラスの保護者ですが、バザーのお手伝いに真っ白なシャネルのシャツに、フェンディのブーツで現れて、いくら女子校とはいえ、そのスタイルはひんしゅくものでした。

あまりくだけ過ぎず、かつ派手過ぎないもので、TPOに合わせた服装なら、それほど神経質にならなくてもいいのではないでしょうか。

（神奈川県横須賀市　Y・K）

A 2 必ずスーツで出席しました
紺やグレーなど地味で目立たないものを

カトリック系の女子校だからなのかはわかりませんが、みなさん地味めのスーツ姿が多いですね。私も紺やグレーなどのスーツで保護者会などに出席しています。

学校によってまた違った〝カラー〟があると思いますから、なるべくその学校の雰囲気に合ったものを選べばいいと思います。

ただし、流行の最先端ファッションやあまりにもドレッシーなワンピース、大きくえりの開いたブラウスなどは、保護者会の場ではちょっと浮いてしまうかもしれませんね。

バザーには、スーツ以外のラフな服装で参加して、積極的にお手伝いすることにしています。

（東京都豊島区　M・K）

ちょっと コラム

学校の行事に参加するときの服装に悩む保護者は、けっこういます。

先輩のお母さん方に聞いてみると、スーツで行ったのは初回だけ、あとはスカートやパンツにしました、という答えが大半でした。あまりかた苦しくない、節度のある服装なら、たいていの学校はOKのようです。

Q4 子どもが授業についていけないと言います。親としてはどうすればいいのでしょうか？

A1 原因は何かをはっきりさせます
手おくれになる前に対策を考えて

まず何が原因かを考えます。クラブ活動に時間をとられているのか、ただ予習や復習を怠っているのか、授業中にちゃんと集中しているかなど、子どもとよく話し合うことです。

ときには学校での友人関係に原因がある場合もあるので、子どもから慎重に話を聞きましょう。くれぐれも頭ごなしに叱るようなことはしないようにしてください。

原因がはっきりすれば、今度はそれに対応する方法を考えます。原因によっては、担任の先生に相談する必要があるかもしれません。また、わからないところ、不明なところはそのままにしないで、必ず教科の先生に聞きに行くようにします。とくに英語は、最初につまづくと後々までひびくので、苦手意識ができる前に手を打っておきましょう。

授業についていけないというよりも、勉強のしかたがわからない、ということもあります。親がそこまで見ることができないときは、遠慮していないで担任の先生に相談するという方法もいいでしょう。

少なくとも中学生の間は、親は宿題や復習など、家庭学習をきちんとやっているかどうかを確認することは、必要だと思います。

（東京都三鷹市　I・O）

A2 学校で補習があります
中学に入ったら、勉強は学校に一任

中学に入ったら、親が勉強を見ることは無理です。学校の先生の力を借りるのが、いちばんでしょう。

娘の学校は共学校ですが、こちらから相談するまでもなく、テストの成績が悪い場合は、指名されて補習を受けることになっています。

たとえば、娘は5月上旬から1カ月間、週2回英語の補習を受けました。これは4月に実施された英語の課題テストの結果から、補習を受けるように指示されたものです。

補習は次の定期試験前まで受けましたが、試験の結果によって次に指名されるかどうかが決まります。指名される基準は教科によって違います。数学は60点以下、英語は先生が考える一定レベルの点数以下は、全員補習となっているようです。

中1のときはよく補習に指名されていましたが、中2になってからは、5月に補習を受けて以来、指名されないですんでいます。

テストの結果が悪いということは、その学習範囲はまだ理解できていないということですから、わからない箇所を徹底的に教えてもらえることはありがたいです。

ほとんどの私立中学では補習制度があるようですし、先生も親身になって相談に乗ってくださるので、心配なことは早めに申し出て、解決していくのがいいと思います。

（神奈川県横須賀市　M・F）

ちょっと コラム

授業についていけない子どもに対しては、早めに対処することが必要です。わからないままだと、あとで追いつくのが大変になってしまいます。まず、学校に相談しましょう。ほとんどの学校では補習などで対処しています。家庭でも「子どもがどのような学力状況にあるのか」目を配ることが必要です。

Q 5 仕事があるので保護者会に出席できません。親は教育に熱心でないと見られるのでしょうか？

A 1 そんな心配は不要です 担任の先生に事前に伝えて

学校の行事に出席したくない親はいないと思います。欠席する人にはそれなりの理由があります。

男子校や女子校のことはわかりませんが、わが子が通う共学校では、保護者会に出ないから教育熱心でないとか、学校に非協力的だ、とは決めつけていないと思います。

それでも、学校側に家庭の状況をきちんとわかっておいてもらいたいのなら、早めに先生にお伝えしておくと安心です。私は仕事をもっているので、最初の保護者会のとき、担任の先生に事情を話しておきました。「海外旅行の添乗員をしていますので、学校にはなかなか伺えませんが、よろしくお願いいたします」と言いましたら、先生も理解してくださって、「いつでもご連絡いただければ学校でのことをお話しますよ」とおっしゃいました。

私のようなケースもあるので、1回目の保護者会には無理をしても出席しておいたほうがいいと思います。どうしても出席できないのなら、あらかじめ先生に連絡して、事情を説明しておくといいでしょう。

日ごろ学校に行く機会が少ないだけに、バザーなどの参加できる行事があるときには、面倒がらず学校へ足を運ぶようにしています。こうした努力はほかの父兄の方にも理解されるので、大切だと思います。

（東京都世田谷区　O・T）

A2 仕事をもちながら、欠席しない保護者も

なるべく出席する努力も大切です

私立の場合、ごく一部の学校は、「子育てに仕事は理由になりません」という学校もあるそうですから、できるだけ都合をつけて出席したほうがいいと思います。また保護者会に出席することで、子どもの学校での様子や交友関係もよくわかります。

うちは共学校で、仕事などで保護者会を欠席することにも寛容ですが、仕事をもっているのに、ほとんど出席されている保護者もいます。

その方は小さな出版社に勤めていて、休みをとるのも大変だということですが、保護者会の予定が決まったら、すぐに上司と同僚にその日は休むことを伝えているのだそうです。

休んだ分は残業や休日出勤をして、仕事をこなしているとのこと。「いまは大切な時期だから、学校優先でいくわ。もし、子どもに何かあっても、会社は責任とってくれないでしょう」とその方は言います。

それぞれの家庭には事情があると思います。みんながその方のようにはできないと思いますが、なるべく出席するように努力することは大切だと思います。

それでも、なかには出席することは可能なのに、自分の趣味のほうを優先する保護者もいて、あきれてしまいます。

（東京都世田谷区　M・N）

編集部から

保護者会にはできるだけ出席したいものです。しかし、最近は仕事をもっている母親が増えていますし、介護が理由で参加できない人もいます。そうした事情をきちんと説明すれば、学校も理解してくれるのではないでしょうか。そのぶん、担任の先生との連絡を密にしておくといいと思います。

Q6 役員を決めるようですが、仕事をしているので役員はできません。どうすればいいのでしょうか？

A ❶ 自分なりの参加方法を考える
働いているから、は断る理由にならない

いまは仕事をしている母親も大勢いるので、働いているからという理由だけでは役員を断れない雰囲気は、確かにあると思います。しかし、仕事をもっていると、そうたびたび学校にも来られません。

頭から、自分は仕事をしているからできません、という態度をとるのではなく、補助的なことでも何かお手伝いできることはないか、学校へ行かなくてもできる仕事を分担させてもらえないか、などと相談してみたらどうでしょう。

私は、長女の女子校で広報の役員を引き受けましたが、仕事で会合に出られないときは自宅で原稿を書いてメールで送ったり、少しでも時間があれば遅れてでも出席しました。

広報部の部長が理解のある方で、最初の役員の会合のときに、仕事をもつ人も多いからと、それぞれの都合を聞いてくださいました。そして、どうしても無理な日を紙に書いて提出して、その日は出席しなくてもいい日にしていただきました。

参加方法はいろいろあります。最初に仕事をしていることと、会合には毎回は出られないこと、家でできることは引き受けることなど、自分なりの参加方法を伝えれば、理解してくださるのではないでしょうか。

（東京都渋谷区　M・H）

A2 働いている人への配慮もあります
引き受けるのなら、低学年のうちに

うちは女子校ですが、役員会は毎回土曜日に実施されます。仕事をしている母親も役員を引き受けやすいように、という配慮のようです。

土曜日が都合が悪い人で、代わりにご主人が役員を引き受けた例もあります。学校の役員は必ずしも母親がやらなくてはならない、ということはないので、可能なら父親の参加も考えてみてはどうでしょう。

また、定員1人のところを2人で引き受ける方法をとる人もいます。2人で引き受けると、たがいが都合をつけて役員会へ出席できるので、負担が少なくてすむと思います。

役員をやるのは大変だと思っている人もいると思いますが、役員をやるメリットはたくさんあります。

私はクラスの代議員を引き受けましたが、学校に出向くことが多くなり、ふだんの学校の様子を見ることができました。

同学年の違うクラスの人と仲良くなれたこともうれしかったですし、上級生のお母さん方から、学校のさまざまなことを聞かせていただいて、とても勉強になりました。

もし、中高6年間のうちに一度は役員を引き受けるつもりなら、できれば低学年のうちに、先輩のお母さんを頼りにしながら、やってみるのがいいと思います。

（神奈川県伊勢原市　H・T）

ちょっと コラム

仕事をしながら役員を引き受けることは大変なこともありますが、やって良かったと思うこともたくさんあります。できれば、一度はやってみてはどうでしょう。働く親に対する配慮をする学校もありますし、自分の状況を伝えて、参加方法を工夫すれば、仕事と役員を両立させることは可能でしょう。

Q7 制服や持ち物などを、先輩から譲り受けるルートをもつ学校があると聞きましたが……

A1 入学前の登校日にバザーで販売
予備の制服やズボンは、成長期の男子に朗報

最近はこういうシステムを取り入れている学校が増えているようですね。物を大切にする、という考えからもいいことだと思います。

息子が通う男子校でも、PTAが卒業生から制服、体操着、英語の教材や辞典などを供出してもらい、中学入学前の登校日に合わせてバザーを開いて販売しています。

私もそのバザーで、少し大きめの制服を買っておきました。息子は1年間で6センチも背が伸び、中2になるときには、入学当時の制服が小さくなったので助かりました。

また、男の子はすぐにズボンをだめにしてしまうので、予備のズボンを買っておくのもいいと思います。

友人のお子さんが通っている麻布

や芝、森村学園などでも、同じようにバザーを開いて制服などを販売していると聞きましたよ。

A2 父母会のバザーで購入できます
収益金は、学校の設備充実費などに

(神奈川県横浜市　T・T)

うちは女子校ですが、秋のPTA父母会のときに、制服などのバザーが開催されます。在校生が使わなくなった夏・冬の制服、コート、バッグなどを供出して、販売しています。いちばん高いコートでも、数百円で買えるので毎年大盛況です。

バザーでの収益金は学校側に「寄付」という形をとり、施設充実費などにあてられます。

以前は、バザーは文化祭のときにも開かれていたのですが、いまは父母会のときのみになっています。

というのも、文化祭だと学校と関係ない人も出入りするので、女子校の制服を専門に販売しているような業者に渡るのを防ぐためのようです。

聞いたところでは、桐朋、日本大学第三、立教女学院などでも制服や上履き、体操着などの「譲り合いルート」があるそうです。

(東京都渋谷区　S・S)

ちょっとコラム

制服のない学校でも、規定の体操着や上履きなどをバザーに出す、というところもあるようです。譲り合いのルートがシステムとしてない場合は、個人的に譲ってもらうことになります。この場合、役員などを引き受けていると人脈が広がり、そういう機会も多くなります。

Q8 学校でイジメにあっているようです。どのように対処したらいいのでしょうか？

A1 学校がすぐに対応してくれました
先生のきめ細かな対応でしこりなし

息子の場合ですが、イジメというか、中1のときに同じクラスの男の子に3回続けてお金を要求されたことがあります。

相手は「誕生日のプレゼントを買ってくれ」と言って、財布から勝手にお金を取ったということです。金額は1回に1000円以下でしたが、息子は小学校時代にもイジメにあっていたので、怖くて逆らうことも、先生や親に言うこともできなかったようです。

それを見ていた、同じ学校のお友だちが心配して家で話してくれて、そのお母さんから連絡をいただいて、初めてそういった事情を知りました。

すぐに担任の先生に相談しましたら、校長先生や学年主任も含めて相手の親御さんと話し合っていただきました。相手のお子さんは素直に自分がやったことを認めたようで、たとえイジメのつもりでなくても、どれだけいけないことかを先生方は話されたようです。

　解決するまでに1週間ほどかかりましたが、担任の先生からはその日の話し合いの内容、相手の親御さんと校長先生が話し合った内容など、逐一電話で知らせてくださったので、安心して任せられました。

　いまは子ども同士も、また親同士の関係もうまくいっています。交友関係がこじれることもなく、速やかに解決できたのは先生方のおかげと思っています。（東京都新宿区　J・O）

A2 カウンセリングルームを利用する 問題解決は慎重に進めてほしい

　娘は女子校に通っていますが、いまのところイジメにあったことはないようです。しかし、イジメはいつ起きるかわからないので、親としては、どうしてもいろいろと心配してしまいます。

　実は、娘と仲の良い友だちが学校でノートを隠されて、そのことを担任の先生に相談したら、お弁当の時間にみんなの前で話題にしてしまったそうです。

　先生はクラスの問題として、クラスみんなで解決しようと思ってのことだと思いますが、その結果は裏目に出て、ますます交友関係が悪化し、その友だちは先生への不信感を募らせてしまったとか。

　先生がクラスみんなの前で話題にするのなら、そうする前に、相談した子がそれを望んでいるかどうか確認する必要があったのではないか。また、いきなりクラスの話題にする前に、先生はもっと状況を把握しておいてほしかったと、当事者のお母さんは話していました。

　こういうデリケートな問題は、慎重に対処してほしいですね。たとえば、カウンセリングルームなどで相談する方法もあると思います。

（千葉県市川市　A・M）

ちょっと コラム

　私学にはイジメは少ない、と言われます。しかし、さまざまな個性が学校という一つの場に集まるのですから、皆無とは言えません。不幸にもイジメにあっている場合は、まず学校に相談しましょう。イジメの状況についてきちんと説明し、そのうえで本人をどう守りながら、問題を解決するかをともに考えます。

COLUMN

受験前は親があせって、子どもを傷つけたことも

言わなければよかったひと言、思わずやってしまったミス……。先輩お母さんにもいろいろな失敗談があるようです。「こんなはずではなかった」となる前に、次のことに気をつけましょう。

まずは受験直前。親子ともナーバスになってしまうこの時期は、ささいなことで親の怒りが爆発してしまいます。「息子（共学校中3）は、マンガやテレビの誘惑に決して勝てない性格。ある日あまりにもヤル気のない態度に、思わず塾のテキストを投げつけてしまいました」「塾で国語の成績が落ちてきて、このままでは合格できないのでは、と親のほうが焦ってきて……。娘（女子校中2）に、ちゃんと勉強してるの？　と怒鳴ってしまいました。受験後に塾で同じクラスのお母さんから、塾のほうに問題があったと聞いて、もっと子どもの話を聞けばよかったと、後悔しました」など、心当たりのある方もいらっしゃるのでは？

親のほうがある一校に執着してしまい、残念な結果にいつまでもとらわれている例も。「長男（男子校中3）の学校のお母さんですが、入学式の当日に、第1志望の学校に入学できなかったと泣いた方がいたそうです。うちはやっと合格が決まって喜んでいるのに、がっかりでした」。こういう親の態度は、子どもにとってもいい影響を与えません。

「願書を書くとき、間違って親の生年月日を書いてしまいました。願書は2部用意しておくといいですね。貼る写真も多めに準備していると安心です」。こんなうっかりも、けっこうあるものです。

入学して直後の失敗としては、「〝男子校〟や〝私学〟がどういうものか、私には経験がなく不安なので、息子（中2）が帰宅するた

びに学校のことをしつこく聞いていたら、うるさい、と怒鳴られてしまいました」

子どもの成長が見えない親、思慮のない行動をとる親

COLUMN

「小学校時代から息子（共学校中3）が学校へ行くときは、窓からいってらっしゃーいと叫んでいました。中学に入っても同じようにしたら、以前はニコニコ笑って手を振っていたのが、自転車でそそくさと走り去ってしまうようになって……」などがあります。母親にとってはいくつになっても子どもですが、子どもたちはいつまでも子ども扱いしてほしくない、ということなのでしょう。

「息子（男子校中2）はどちらかというとおしゃべりで、学校であったこともよく話してくれます。ある友だちのことが話題になり、軽い気持ちでその子のお母さんに話したら、まったく知らない、と言われてびっくり。そのときはそれですみましたが、子どもから聞いたことを外で気安に話題にするのはよくないと反省しました」というように、子どもから聞いたことを、誰かに話す場合は要注意です。親に言いつけたなど、ケンカになったり、

COLUMN 4

いまだから話せるこんな失敗談

子ども同士の人間関係にも影響します。

　同じようなことは、親同士の場合でもあるようです。「子ども（女子校中3）同士が仲良しのお母さんたちと、情報交換を兼ねてときどきお茶を飲んでいます。おかげで反抗期かと思っていたことが、実は友人関係にトラブルがあったとわかったり、その都度親子で話し合えるので助かっていました。誰のお母さんから聞いた、ということは言わない約束にしていたのですが、途中から仲間に入った人のせいでとんでもないことに……。私たちが話題にしたことを、誰々から聞いたとあちこちで言いふらしていたのです。一時はおたがいに疑心暗鬼になりました」。

　最後に、先生への不満を子どもの前で言うことも厳禁です。「担任が若い女性の先生で、初めての保護者会のときも頼りない印象でした。娘（共学校中2）に、ついそのことを言ったら、娘も不安に感じてしまって……」というように、子どもに妙な先入観を与えてしまうことは、決していいことではありません。親は学校に対して、「良い教育をお願いします」という姿勢でいることが大切ではないでしょうか。

5章

学習面での心配ごと

私立中学での勉強のリズムに乗るには……

小学校での勉強より
格段に難しくなる
私立中学での勉強。
授業は理解できているのか、
落ちこぼれてはいないか……
学習面は心配の種です。
先輩お母さんたちの対応を
聞いてみました。

主な質問

◆あまり勉強していないみたい！
◆やはり塾に通わせたほうがいいの？
◆クラブ活動と勉強とをうまく両立させるには？
◆勉強しやすい環境とは？

Q1 学校から帰っても、勉強しません。ガミガミ言いたくはないけれど、心配。どうしたらいいのでしょうか？

A1 本人がヤル気になるまで待つこと
親子で相談して、塾に通わせる方法も

　息子は共学校に通っていますが、担任の先生に相談したところ、「男子は言えば言うほど反発するので、本人がヤル気になるまで待ってみてください」と言われました。その後ときどき息子の様子を見ていて、困っているようなときだけ、アドバイスしました。中3になったいま、少しヤル気が出てきたので、親子で相談して、部活動を続けながら個別指導塾に通わせることにしました。

　女子校に通っている中1の娘は、学校が勉強の方法をしっかり教えてくれます。また宿題も多く、面倒見が良いので、塾に通うことを考えるよりも学校にすべてをお任せして様子を見ています。

　通学するだけでも体力を使い、さ

らに塾通いでは大変なので、塾に通うことを考えるよりも学校の勉強に慣れることが先決だと思います。

(東京都葛飾区　M・E)

A 2 失敗させるのも、一つの方法
長い目で見ながら、子どもの意識改革を

一種の荒療法ですが、一度失敗して本人に「やらなければいけないのだ」と思わせるのがいいのでは?

中学受験のころ、息子は私からガミガミ言われて勉強していたので、入学後も自分から勉強する姿勢が見えませんでした。

そこで、「勉強は成績のためだけではない。自分が将来希望する進路に進むためには、いま勉強している知識が必要なこと、いまさぼったために、就きたい職業を断念することがないよう、できることはするべきだ」という、私の考えを話しました。

そのうえで、「勉強をしないままでいいと思うのならそれでいい。何も言わないから、自分でいいと思うようにしなさい」「その代わり、補習になろうが、追試になろうが、そのために部活に参加できなくても、遊べなくても、いっさい親のせいにはしないように自分で責任をとりなさい」と放り出してしまいました。

中1の最後の面談のときに、「このままでは、進級も高校進学も危ない」と担任の先生から言われて改心したのか、中2になってからは、自分から勉強するようになりました。

長い目で見たら、たとえ時間がかかっても、子どもの意識改革をすることがベストだと思います。息子が通っているのは共学校ですが、男子にも女子にも先生がきちんと言ってくださるので助かります。

(東京都世田谷区　M・K)

A 3 "大人モード"で話し合いましょう
何のために学ぶのか親子で話し合う

思春期になると、子どもの自尊心も一層はっきりとしてきますので、"大人モード"を組み込んだ上手なもっていき方が必要です。つまり、子どもに責任をもたせるのです。悪い点数をとれば、それは自分の責任です。「あなたにとっては、勉強がお仕事なのよ」と言って、何のために勉強するのかを親子で話し合いましょう。例は悪いですが「中学を卒業しないと、就職することはできないのよ」などと、具体例をあげて説明するのも一つの方法です。

また、勉強しなければならないことをわかっていてもできないときは、イジメや友人関係の悩みなど、ほかの要因はないか探ってみましょう。

(お茶の水女子大学助教授・菅原　ますみ先生)

Q2 成績がなかなか上がりません。いま塾には通っていませんが、通わせたほうがいいのでしょうか？

A1 6年間あるのだから、あせらずに 本人の自覚とヤル気が出てからでも十分

娘の学校は女子校ですが、高2の夏ごろから大学受験の予備校に通う生徒が多いようです。中学生や高1でそういう予備校に入った生徒のなかには、途中でやめてしまった生徒も多いと聞きます。本人のヤル気にもよると思います。

いずれにしても、大学受験のための準備は早くから始めればいいというわけではありません。本人にヤル気がないのに予備校通いをさせても、長くは続かないでしょうから、勉強をする気になってからでも十分なのではないでしょうか。そうしないと、勉強自体が嫌になり、逆効果になると思います。また、二度と予備校へは行かなくなりそうです。

（千葉県浦安市　E・M）

A2 学校の授業が最優先
塾に通うならメリットと目的を明確にする

長女は女子校、長男は共学校に通っていますが、私学は補習や補講体制がしっかりしていて、面倒見が良いことが公立との大きな違いです。まずは学校をいい意味で徹底活用するのが、得策ではないでしょうか。

友だちのなかには、「授業についていけないから」と塾に通わせるようにしたところ、「受験が終わったばかりなのに」とお子さんが反抗的になった話を聞いたことがあります。また、塾へに通っているだけで満足してしまい、学校の授業中に寝ていたり、ノートに落書きしている子もいると子どもから聞きます。

先生方のお話では、「授業をしっかり聞いていれば、きちんとした学力は身につきます」ということです。まずは、授業をきちんと受けることが最優先だと思います。そのうえで、塾に通う場合、そのメリットや目的は何か、ということをはっきりさせるべきだと思います。

（神奈川県相模原市　H・Z）

A3 通信教育は続かず、断念
予習・復習をしっかり。親が教えることもあり

中学に入学して、なかなか成績が上がらないので「通信添削」を始めましたが、2カ月ほど答案を提出して、その後は手つかずのままで、ドンドン積み残っていきました。

結局は通信添削をやめ、とくに英語と数学の復習と予習をしっかりやらせました。国語は、私が教員免許をもっているので、中間や期末試験前にみっちり教えました。

2科目入試で入学したので、息子は理科と社会科がいつも〝玉砕状態〟です。しかし、塾や家庭教師を利用するのは本人が「もう嫌だ」と言いはりますし、現実的には時間的にも難しいのが現状です。

（東京都青梅市　H・N）

A4 課題をきちんとやっていればOK
中学のうちは通塾の必要はないのでは？

塾に通うことを考える前に、学校の課題をきちんとこなしているかどうかを、見極めることが先決だと思います。

娘は女子校に通っていますが、学校の授業をしっかり聞いて理解していれば、力がつくようになっているはずです。子どもはクラブ活動もあってけっこう忙しいのですから、学校の課題や復習をきちんとやっているのであれば、中学のうちから塾に通わせる必要はないと思います。

（東京都品川区　K・O）

Q3 家庭教師や通信添削は、どのようなメリットがあるのでしょうか？教えてください

A1 通信添削は自分のペースでできる
授業と通信添削を上手に使い分ける

女子校に通う娘は、受験勉強から解放され、何もやることがないことが不安だったのと、英語は学校から、「ある程度の読み書きはできたほうが授業にもスムーズに入っていける」と言われたので、入学前の春休みから通信添削を始めました。学校の授業と進度が合っていない場合もありますが、予習や復習用にと臨機応変に使い分けています。

中学までは、英語と数学を、高校からは、英語・数学・国語・化学・生物と小論文をやっています。通信添削の良い点は、通塾に時間をとられることがなく、自分のペースで続けることができ、体力への負担が少ないことだと思います。

通信添削の進度と授業の進度がう

まく合えば、それぞれに良い効果が生まれるようですね。

（神奈川県相模原市　H・Z）

A❷ 全教科を家庭教師に質問している
いい先生にあたって成績がグンと伸びた

娘は共学校に通っていますが、中1の中間試験の成績が、学年で136人中100番に近い成績だったので、ある家庭教師センターにお願いしました。それからグンと成績が上がったのは良かったのですが、月謝が高かったので1年でやめました。

その後、友人の紹介で早稲田大学の学生の方（女性）にお願いしています。月謝は週1回、1時間半で、1回あたり3千円（交通費は別途）で、時間内ならどの教科でもわからないところを聞けるので助かります。また、定期試験前は、回数を増やしてもらっています。

塾では、決まった教科しか教えてもらえません。もちろん家庭教師にもよりますが、すべての教科を教えてもらえるのと、子どもが「どこがわからないのかがわからない」と言っている箇所も、指摘してもらえるので、とてもいい先生にあたったなと思っています。家庭教師を頼んでから、成績は学年で上から10番くらいに上がりました。

1回の授業で教わる時間は短いので、前もってわからないところは書き出しておくなどしておくことが、効果的な利用方法だと思います。

（東京都豊島区　N・A）

A❸ 英語・数学・国語を通信添削
時間がある日に学習。定期試験対策用もあり

娘は共学校に通っていて、Z会の通信添削をやっています。英語・数学・国語の3教科です。Z会の教材を見ると、冊子形式になっているので、とてもやりやすいと感じました。また、まだ利用したことがないのですが、「ヘルプコール」というシステムがあって、質問やわからないことは、親からでも子どもからでも電話で聞けます。

また、定期テスト対策用の別冊もあって、これは全部利用しています。学習範囲で多少のズレはあっても利用価値は十分にあったようです。ふだんは学校の宿題に追われて、なかなか冊子に取り組むことができないので、「時間を決めて」というやり方でなく、「時間がある日に」という方法で進めています。提出課題がたまっても、定期試験前の演習として活用しています。

返却されてきた答案を見ると、かなり細かく添削してありますね。

（埼玉県日高市　K・A）

Q4 子どもは内気で、授業中に質問ができないようです。どうしたらいいのでしょうか？

A ❶ 聞くは一時の恥。聞かぬは一生の損
わからない箇所に印をつけ、あとで聞く

息子は共学の付属校に通っていますが、恥ずかしながら、授業中は「睡魔」との闘いのようです。「聞くは一時の恥。聞かぬは一生の損」などと言いますが、友だちから「ガリ勉に思われたくない」と変な意識が働いているようです。

また、「何がわからないのかがわからない」ということもあったようです。ノートでも教科書でもわからないところは、印をつけておいて、授業が終わったあと、先生に聞くのもいいと思います。私学の先生は、面倒見が良いので、いつでも生徒の質問に答えてくれます。一度聞いてしまえば、二度めからは気軽に質問できると思います。

（東京都足立区　Y・O）

A2 自分で質問できるかどうかが大切
予習しておくと、授業に集中して臨める

学校の授業中に、すべてを理解することは大変だと思います。先生方もそこまでは期待していないのではないでしょうか。授業中にすべてを理解できればベストですが、大切なのは、わからなかったら先生に質問に行けるかどうか、ということだと思います。

先生方の話では、予習として教科書にざっと目をとおしておくと、わからないことを授業中に聞こうという意識もでき、授業をよく聞くようになるとのことです。

女子校に通っている長女が言うには、先生が「大切だよ、テストに出るよ」と言うところは、黒板に書かないことが多いそうです。授業に集中できないで、または板書をきれいに写すことばかりに夢中になってしまうと、このあたりを聞き逃してしまうようです。授業の聞き方をそれとなく、親や先生がアドバイスするだけでも、かなり違うようです。

（東京都品川区　H・T）

A3 相性の悪い先生には聞きにくい
質問しやすい先生に聞くほうが良いかも

娘は共学校に通っていますが、「数学の先生が変わってから、授業がよくわからない。質問しようと思っても、すぐに職員室へ帰ってしまうし、前の先生のほうが質問しやすかった」と言っていました。よく聞いてみると、中1のときの数学の先生は、担任の先生で、しかも女性だったので質問しやすかったようです。中2になると、以前は高校で教えていた男性の先生に変わり、教え方も難しいと言うのです。

私は娘に、「授業が終わったら、先生を呼びとめて質問するか、話しやすい数学の先生に聞いたら?」とアドバイスしました。

それからしばらくは、そのどちらも実行できず、数学の得意な友だちに教えてもらっていたようです。でも、中2の後半になると、いまの先生にも慣れてきて質問ができるようになったと聞きました。

どうしても、相性の悪い先生もいるので、聞きやすい先生に質問するのも一つの方法かもしれません。

（埼玉県さいたま市　Y・N）

Q5 クラブに入っていますが、勉強とうまく両立させるには、どうしたらいいのでしょうか？

A 1 先輩や友人から体験談を聞こう
ペースをつかむまで、あせらず待つ

中学生になれば、勉強も難しくなり、通学にも時間と体力を要します。最初からあせらず、勉強が十分できなくても気にしないようにしましょう。次第に勉強方法もわかってきますし、体力もついてきます。

娘の学校は女子校ということもあり、先輩にいろいろ相談に乗ってもらっているようです。先輩たちがみな、同じような悩みをもったり、いろいろな体験をしながらも、きちんと勉強と部活を両立させている姿を見れば、入学早々にあせらなくても、そのうち時間をうまく使えるようになるという安心感がもてると思います。時間をかけて、本人がペースをつかんでいくしかないのではないでしょうか。

（千葉県松戸市　R・M）

A2 自己管理と時間の有効利用が大切
一番大切なことは、目標をもつことです

息子は、法政大学第一の野球部に入っています。同じ部の先輩で、「キャプテン」「強打者」「成績は常に学年トップ」「自宅からの通学時間は2時間近い」という生徒が、早稲田大学に現役で進学したということです。性格も温厚で人望があって、スーパーマンのような存在でした。おそらく、自己管理がきちんとできて、時間を有効に使っていたのでしょう。

大リーグのイチロー選手もこう言っていました。「いちばん大切なのは、目標をもつことだ！」と。息子も将来の夢や目標をしっかりともって、学校の勉強と野球部の練習をがんばっています。

（東京都青梅市　H・N）

A3 集中力と精神力で乗り切る
野球部から東大に現役合格者を出す

浅野では、東大に毎年20名以上の合格者を出していますが、中学生の部活加入率は95％以上で、文武両道です。クラブ活動の時間は1日2時間と、練習時間は長くありませんが、18ある運動部はほとんど毎日練習しています。クラブ活動に一生懸命取り組んだ生徒が、難関大学に進学するケースが多いのも特徴です。

クラブ活動と勉強をうまく両立させるには、「授業に集中する」「クラブ活動と勉強どの切り替えをしっかりする」ことです。クラブ活動中には勉強のことは考えないで、練習に集中します。そのかわり、定期試験1週間前からは、勉強に集中することです。また、高3は5月か7月に引退して、クラブ活動に割いていた時間を受験勉強にあてています。

その成果として、7月まで活動を続ける野球部から、東京大学に現役合格者を出しています。1人は、東京大学でも野球部を続け、「東京6大学ベストナイン」にも選ばれています。２００2年も、野球部から京都大1名、上智大2名、慶應義塾大1名、早稲田大1名など、難関校に合格者を出しています。このように、先輩ががんばっている姿を見ると、後輩たちもファイトがわいてくるようです。クラブ活動で得た「最後まであきらめない」という精神を、大学入試でも発揮しているのです。

中学生のうちは、授業中に集中してポイントをつかんで、勉強のリズムをつくることが大切です。何事も「闘争心旺盛に、がむしゃらにぶつかっていく」精神が大切だと思います。

（浅野：教務部長・出井善次先生）

Q6 「好きなクラブに入部させたら、費用がかかった」と聞きます。実情はどうなのでしょうか？

A1 楽器代とレッスン代が必要 吹奏楽部では、演奏会遠征費もかかる

娘は共学校で、クラブは吹奏楽部に入部しました。最初は学校のフルートを使っていたのですが、「家でも練習したいし、自分の楽器がほしい」と言うので、約7万円（そんなに高くないほうです）のフルートを買いました。ほかに、個人的にフルートのレッスンを受けるようになったので、その月謝が5千円かかっています。

ほかの学校の情報としては、桐光学園、桜美林などでは、野球の大会などで演奏する機会が多く、そのための交通費や宿泊代などがかかるようです。また、海外演奏旅行をするような学校は、かなりの費用がかかっていると思います。

（東京都世田谷区　K・K）

A2 文化部は安く、運動部は高い
運動部は合宿代が1回5万円前後かかる

女子校に通う娘が演劇部に入っていますが、まさに「身一つ」で大丈夫でした。でも、文化祭には衣装代が少しかかりました。

息子は男子校の運動部で、ユニフォーム代が1～2万円かかりました。そのほか、部費は年間2万円納めています。思うぞんぶんに部活動できるのが、私学のメリットなので、この点は文句を言えません。

友だちは、スキー部で合宿代が4泊5日で5万円、バレー部の合宿代が6泊7日で4万2千円かかったそうです。クラブによっては、夏と冬の2回合宿することもあります。

また、野球部が甲子園に出場するような学校の場合、在校生のお母さんは「応援金1口1万円を振り込んだ」と言っていました。

文化部は運動部に比べて、費用がかからないクラブが多いと思いますが、吹奏楽部にお子さんが入っているお母さんの話では、「演奏会があったときに、『会場費等4万円を○日までにお支払いください』というプリントを息子が持って帰って、急だったのでびっくりした！」と言っていました。

（東京都北区　Y・T）

A3 高校の野球部は費用がかさむ
道具代、遠征代のほか、父母会費などもかかる

息子は野球部ですが、小学校のときから少年野球に入っていたので、中学受験もその観点から野球が強い大学付属校と決めました。

法政大学第一の場合、野球部でかかる費用は、合宿費で年間15万円、遠征費で年間15万円という説明がありました。合宿は、春1回、夏2回で、合計で15万円くらいを振り込みました。遠征費は、レギュラーメンバーに入らなければ（背番号がもらえなければ）不要です。ほかに、父母会費が年間6万円、母の会会費が年間2万4千円、マネージャー費が年間3万円かかります。

用具代は、高校へ上がったとき、遠征用バッグ、校名の入った練習用シューズ（スパイクとは違う）、練習用Tシャツなどで5万円、さらにユニフォームで5万円、それとは別に硬式用のグローブが4万円くらいしました。

さらに試合用のスパイクを買うように言われていますし、冬用のグラウンドコートなどをそろえると、何万円かかかるだろうと思います。甲子園大会に出場するレベルの野球部の場合は、6年間でかなりの費用がかかります。

（東京都青梅市　H・N）

Q7 ボランティア活動をさせたいのですが、どんな活動があって、どうやって参加したらいいのでしょうか？

A1 学校で希望者を募っています
各種施設への訪問や校内でバザーを開催

子ども2人が別々の私立中学に通っていますが、どちらの学校でも希望者を募ってボランティア活動を行っています。わが家の子どもたちも参加しています。

上の子（女子校）は、夏休みなどを利用して、老人ホームの慰問や保育園の手伝い、障害者施設の訪問などをしているようです。それ以外にも、生徒会が主催する手作り品のバザーが開かれ、売り上げ金を施設に寄付したこともあります。

また学校としては、生徒全員が毎月お小遣いの10分の1くらいを献金していて、それも寄付しています。

親も、老人ホームへ贈る枕カバーをつくったり、古いシーツを寄付したりして協力しています。

下の子の学校（共学校）の場合、去年は学年全員参加で、保育園や、老人ホーム、養護施設などへの訪問がありました。今年からは任意参加に変わったそうです。

去年は、地雷廃絶運動を行っている機関による講習会を開き、バザーの売り上げ金を地雷廃絶のために使ってもらいました。

お盆の時期には、障害者施設での2泊3日の訪問ワークがあります。草刈りやペンキ塗り、畑仕事などを手伝ったり、お風呂に入れてあげたり、食事の介護をしますが、毎回大変喜ばれます。

友だちとみんなで楽しく参加しているようで、ボランティアということを、ことさら強く意識はしていないようです。（東京都大田区　A・S）

A2 近くの教会主催の活動に参加
バザーの売り上げ金は、海外での活動に寄付
（神奈川県相模原市　Y・H）

学校としては特別にボランティア活動をやっていませんが、個人的に近所の教会が主催するボランティア活動に参加しています。

まず年に2回、地域の老人ホームを訪問して、一緒に歌を歌ったり、遊んだりして交流します。

教会付属の幼稚園のバザーでは、ビーズの小物をつくって売ったり、屋台で焼きそばを売ったりして、その売り上げ金を海外の困っている地域に献金しています。

A3 市の広報誌を見て友だちと参加
ホームルームのテーマを身近な所で見つける

今年のホームルームのテーマが「福祉」なので、友だちと2人で夏休みにボランティアをしました。

市の広報誌に載っていた「市民・福祉のまちづくり点検」というイベントに参加して、市役所周辺の車椅子などの点検をしたそうです。

いままで気づかなかったことをいろいろ知ることができて良かった、と言っていました。親としてもうれしい体験でした。

（神奈川県伊勢原市　Y・D）

ちょっと コラム

教育活動の一環として、生徒にボランティア体験を勧める学校は多くあります。クラブ活動やサークルで活動しているところもあります。個人で探すなら、区や市の広報誌に掲載されることもありますし、全国社会福祉協議会のホームページでも紹介しています。（http://www.shakyo.or.jp）

Q8 じっくり勉強できる環境を整えたいと思いますが、机や照明について教えてください

A イスや机は身長に合わせて選ぶ
成長期には大きめで、調節可能なものを

中学生はまだ成長期なので、もしイスを新調するのなら、身長によって高さを変えられる、調整機能のついたイスを選びましょう。

イスのクッションは柔らか過ぎず、腰かける部分の厚みが厚いほうが疲れません。

イスにすわったとき、足が床にきちんと届いていると楽なので、小柄なお子さんなら、足置きのあるタイプがいいでしょう。

机は、天板がイスの座面から25センチ前後の高さになるものを目安にして選びます。机が高過ぎると肩がこってしまうことは、案外知られていないようです。

天板の色は白を避け、教科書、ノート、参考書などを楽に広げて勉強

するためには、幅120センチ、奥行き70センチくらいの大きさを確保しましょう。天板の色が白っぽいときは、机の上に落ち着いた色のマットを敷くといいですね。

机上の照明は蛍光灯がベター
手元のみを照らさず、部屋全体を明るく

手元のみを明るく照らし、部屋を暗くするといかにも集中できそうですが、目にとっては良くありません。

部屋全体の明るさを保ちながら、机の上も明るくするダブル照明にしましょう。

そのとき手元の照明器具は、電球より蛍光灯のほうが勉強の能率が上がります。

ある実験で、真っ赤な部屋と真っ青な部屋に分かれて会議をしたところ、真っ赤な部屋のほうはすぐに飽きて、30分でも2時間たったような気になったそうです。反対に真っ青な部屋では同じ時間でも短く感じたという結果が出ました。

暖色には心身をリラックスさせる働きがあるので、精神を集中させる必要のある勉強には、蛍光灯のほうが適しているのです。

真っ白な壁も目を疲れさせます
家具の配置を考え、カーテンで工夫を

壁紙は光沢があると光を反射してまぶしく感じるので、ツヤのないマットなものを選びましょう。

また真っ白な壁も同じように目を疲れさせてしまいます。壁の色を変えられない場合は、本棚を置いたり、なるべく視界に入らない場所に机を配置するなどの工夫をします。

またタペストリーを天井から吊るしたり、カーテンで隠すのもいいでしょう。

部屋全体の色調は、アイボリーや淡いグリーンなど目に優しいものを選びます。

夏は部屋全体を涼し気な色で統一し、冬は暖かな色調にするなど、季節感を出すのも大切です。

取材協力●（株）カラースペース・ワム代表
ヨシタミチコさん

ちょっと コラム

中学生になったからといって、必ずしも勉強部屋を用意しなければならない、ということはありません。リビングのテーブルで、親の姿を見ながら勉強するほうがお子さんが安心するなら、それでもいいのです。落ち着いて学習できるスペースをつくることを、親子で工夫してみましょう。

学校指定はそこまで必要？ 守られない校則は見直し？

COLUMN

校則と聞いて思い浮かぶのは制服のこと。制服の着用については、私学のほとんどの生徒は「きちんと着るのがいちばんきれいに見える」と思っているそうです。しかし、「うちの学校の制服はかわいいと評判なんだけど、指定の三つ折りソックスがすごく古くさくてイヤ」（女子校中3）という声もありました。

制服以外でもカサなどの小物の色が指定されていて、「入学時にわざわざ買い直さなくてならなくて、もったいなかった」り、水泳のゴーグルも決まっていて「そこまで指定にする必要あるの？　と疑問に思った」り。

携帯電話は原則的に禁止の学校が多いのですが、「実際には持ってくる子のほうが多く、クラスによって届け出制にしたり、没収になったりと、対応も違うのでとまどいます」とは、男子校に通う中2の母親の声。さらに、「学校帰りの買い食いも禁止のはずが、コンビニに寄っている子が多い」とか。守られない校則は見直す必要があるのでは？

6章

反抗期・精神不安定期の家庭生活

思春期の子どもをかかえる家庭での接し方とは……

大人への階段を
のぼり始めた多感な時期。
わが子にどう接したらいいのか、
頭を抱える親も多いはず。
思春期の
わが子とのつき合い方、
家庭環境などについて
専門家にも聞きました。

主な質問

◆反抗期の子どもとの接し方とは？
◆家庭での性教育のしかたは？
◆携帯電話の料金はどうする？

メンタルヘルスの専門家に思春期の子どもとの関わり方について聞く

思春期は「第2の誕生」〝大人モード〟で話すことも大切な時期

お茶の水女子大学・文教育学部人間社会科学科　助教授・文学博士
菅原　ますみ先生

中学受験の準備が始まる小学校高学年から中学生の間は、心身ともに変化が大きい時期です。同時に子どもの成長に対して、親はどのように対応してよいか迷ってしまう時期でもあります。そこで、メンタルヘルスの専門家である菅原ますみ先生に、思春期の子どもの特徴と親の関わり方について聞きました。

思春期の子どもは、こんなに発達している！

思春期の発達的特徴を知ることによって、よりお子さんを理解しやすくなり、また親がどのような役割を担っていったらよいかが必然的にわかってきます。児童期から思春期というのは、子どもがものすごく大きく変わる時期で、フランスの思想家・ルソーがこの時期を「第2の誕生」と呼んでいるほどです。心身の大きな変化の時期と中学受験が重なるという意味では、中学受験は大学受験よりも大変だと言えます。そして、親との関係もものすごく大きく変わります。そうでなくても難しい時期に「受験」という大きなストレスをかけるのですから、このリスク（危機）の時期を、親は相当覚悟して子どもの生活全体のマネージメントをしなければなりません。思春期の子どもの発達には、次のような大きな特徴があります。

①身体の成長が激しい

「発育の急発進（スパート）」

PROFILE

●すがわら　ますみ
お茶の水女子大学・文教育学部人間社会科学科助教授。東京都立大学大学院・人文科学研究科心理学専攻博士課程満期退学。文学博士。専門は発達心理学。子どもを取り巻く家族・地域の精神保健の実証的な研究を行っている。
著書に『社会性の発達心理学』（共著・福村出版）、『トピックスこころのサイエンス』（共著・福村出版）、『出会いと関係の心理学』（共著・新曜社）など。

児童期、つまり小学校の低学年は、安定した時期で、見た目もかわいく、親子関係もうまくいきます。しかし、小学校5〜6年になると、身体のサイズが急激に大きくなります。12歳から16歳の間に心臓は2倍になるとも言われています。女子のほうが早く10〜12歳くらいで、男子は12〜13歳がピークになります。ちょうど受験期に身体が大きく変化し、身体のバランスが一時的に崩れてきます。

②女性らしく、男性らしく成長する「第二次性徴」

男性ホルモンと女性ホルモンの分泌が盛んになって、男性と女性が分化していきます。女子は胸が膨らんで生理が始まり、出産可能な身体になります。男子はヒゲが生えて、精通があります。

③大人の考え方が可能になる「思考の発達」

9歳くらいから、子どもの思考は大きく変わっていきます。思春期にはそれが完成して、ほぼ大人と同じ考え方をもつようになります。つまり、抽象的・論理的思考

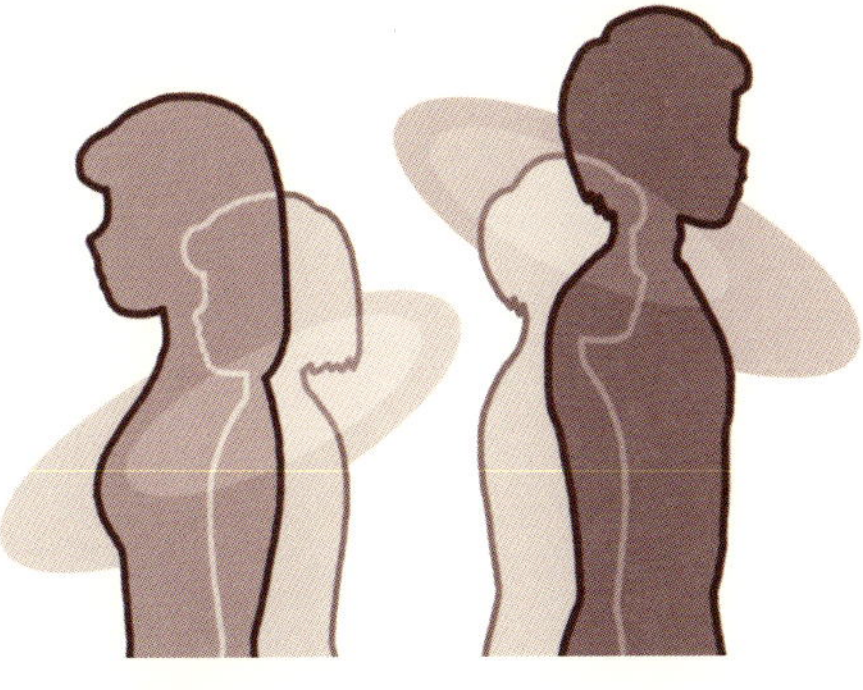

が可能になってくるのです。具体的に言えば、「愛とは」「死とは」「自分の将来とは」といった抽象的な考え方や自分の世界を考える思考が芽生えてきます。この時期は、自分自身について深く考えるようになり、「アイデンティティの目覚め」も始まります。

④オシャレに夢中になる「自己意識」の発達

「初めて芽生えてくるいろいろな感情を人に知られたくない」「みんなが自分を見ているんじゃないか」など、人生の中でいちばん自分に対する関心が強い時期です。毎朝、鏡に向かって一生懸命髪型を整えているのが、そうした感情の表れです。これは、人として通らなければならない道で、自分に対しての関心が強くなっているという証拠です。親は、そうした行動を無理にコントロールせず、問題のない範囲で好きなだけオシャレをさせてあげたほうがいいとも言えます。決して「自意識過剰でバカみたい」と思わないでください。

⑤心身ともに不安定な「青年更年期」

ホルモンが大変動するこの時期は、情緒が不安定になります。また、身体的に不調を訴える子どもが多くなります。毎晩遅くまで起きている、朝食を摂らないなどと、生活が乱れてくると、身体的にも調子が崩れてきます。親は、子どもが食事をきちんと摂り、きちんと寝るように生活を管理してあげる必要があります。

以上のような成長をベースに、子どもは理想の自分や親と現実を比較したり、友だちと自分の違いに気づいたりしながら、「自分と親に対するチェック」を始めます。この時期の特徴をひと言で言うと、「ゆれる年ごろ」です。子どもは自尊心が強くなる反面、自信がなくなる時期でもあります。親のこ

とは大好きなのですが、一方で不信感も高まります。これを「アンビバレンツ（両価感情）」と言います。好きだけど嫌い、尊敬しているけど軽蔑する、といった両極端な感情です。児童期にはポジティブな感情しかなかったのが、思春期になるとネガティブな感情も同時にもつようになるということです。その結果として、いままで信じていた自分や親や学校に対して問題を感じたり、失望感を抱くようにもなります。

性に関しても関心はあるけれど、「どうして自分は生まれてきたか」を考えると嫌悪感が湧いてくることもあります。親が嫌いになります。感謝しつつも、不潔に思えてきたりするのです。こうしたゆれ動く気持ちを、上手にコントロールできないのが、この時期の子どもです。

いずれも、悩みつつもさまざまな体験を通じてやがては乗り越えていけるものですから、親はこうした子どもの発達的特徴を知っていれば、あわてず「いよいよ来たか」と覚悟して、わが子を温かく見守ってあげることができるのではないでしょうか。

思春期の子どもをもつ、親の役割

子どもが心身ともに大きく変化しても、相変わらず「親を愛している」「親に愛されたい」「親を信頼している」「親から信頼されたい」という気持ちは変わりません。ところが子どもも「うるさい！」などと言いはじめるので、それが見えにくくなるだけなのです。この時期に、親が自信をなくしたり、子どもを信じられなくなると、「親は自分を信じてくれない」と子どもの心がゆれてしまいます。親はこの時期堂々としていて、「私はあなたのことを愛している、信じている」というメッセージを折りにふれて発信するようにしてください。「大人になってうれしいけれど、なんだかさみしいわ」などと言ってみると、子どもは「バカ言うな」などと言いますが、本心では喜んでいるのです。

思春期の子どもにとって、まだまだ親は必要な時期です。子どもから話しかけてきたとき、親の力を求めてきたときがチャンスです。子どもと対等に話し合えるような関係（＝〝大人モード〟）を、新しくつくり上げることが大切です。この時期に、親がするべきことを次にまとめてみました。

①〝大人モード〟を開設する

子どもがコミュニケーションを求めてきたときには、保護者モードだけでなく、「お母さんも、仕事で人間関係が大変なこともあるのよ」などと、子どもを大人として扱ってあげること、つまり〝大人モード〟で話すことが大切です。たとえば叱るときには、「○○しなさい！」という言い方ではなく、「あなたの責任だから」と、相手が納得して動くような言い方、つまり自己責任に訴えるような話し方も必要になってきます。部屋を汚しているときには、「片づけなさい！」で結構ですが、性に関する話をするときなどは、「あなたにとって大切なことだから、ゆっくりお茶でも飲みながら話そうよ」という言い方が理想的です。

子どもには自尊心があります。自主的に自分を管理しようとする強い意識があります。ですから、この時期に親は過剰に踏み込まないということに注意してください。大人として歩き始めた子どもを、喜びながら大切にする環境が、思春期のわが子とうまくつき合っていくコツです。

②親は子どものトータルマネージャー

中学受験までは、親が過剰なく

らい子どもの生活管理をしますが、中学に入学したと同時に、親子ともにリラックスしてしまいます。しかし、まだまだ思春期というのは、衣・食・住、つまり睡眠、食事、どんな格好をしているか、誰とどこでどんな遊びをしているかなど、生活の全体像を親がつかんで、きちんとした生活をさせることが親としての役目です。その枠から子どもが外れることについては、厳しく言うべきです。そうしなければ、心身のバランスがさらに崩れてしまいます。

③家族としての責任をもたせる

子どもが同居人としての義務と責任を果たせるように、仕切り直しをしなければなりません。たとえば、朝食を食べない子どもに対して食べるように話し合ったり、部屋の片づけなど、きちんと言わなければならないことはしっかりと言うことです。子どもの調子が良いとき、上機嫌のときが話すチャンスです。その結果、少しでも改善できたらほめましょう。

④親が人生のモデルになる

思春期の子どもは、将来のことを深く考えるようになり、親を本格的に見るようになります。親が人生を楽しんでいるか、自己充実しているかどうか、親が自分の人生に満足しているかどうか、子どもはしっかりと観察しています。

とくに母親の場合、最もいけないタイプは、「あなたのために、お母さんは夢を諦めたのよ」などと言ってしまうことです。格好いい仕事をしているかどうかということではなく、父親も母親も家庭を大切にして、イキイキと充実して生活していることが大切です。子どもが中学生になったら、親も自分の生きがいをもつなど、自分の人生の立て直しをするいいチャンスだといえます。

Q1 反抗したり、口をきかなかったりする態度が目立ってきました。どう接したらいいのでしょうか？

A1 そういう時期が必ずあるものです
きつく叱らず、そっとしておくのがいい

中学生にもなれば、遅かれ早かれそういう時期が来るのがふつうだと考えたほうがいいと思います。そうすれば、親のほうも頭にきたり、イライラしたり、心配することもなくなります。

わが家でも、女子校に通っている娘が、中学生になって間もなくそういう状態になり、高校生のいまも続いています。

子どもの反抗期は程度や、時期、期間は人によって異なると思いますが、誰もが必ず通る道と考えて、しつこく話を聞こうとしたり、反抗してもきつく叱ったりせずに、そっとしておいたほうがいいと思います。逆に「反抗期」がない子どものほうが心配です。（東京都大田区　A・K）

A2 一度しっかり話をしてみましょう
つかず離れず見守ることが大切

娘（共学校）は、中学に入学した途端に、学校から帰ると自分の部屋にこもって、口をきかなくなりました。食事をつくっても自分の部屋に持って入って食べることもありました。あまりにも態度が悪く、このままではいけないと思い、「ちょっと話があるの」と座らせ、「何が不満なの？」と話しかけました。すると、同じ学校の男子生徒に嫌なことを言われたり、同じクラスの女の子とうまくいっていないらしく、そのことで全体的に不機嫌だったことがわかりました。親に対する反抗もあるのかもしれませんが、友人関係や勉強、ストレスなどが原因の場合もあるのかもしれません。

いま娘は中3になり、反抗期もおさまってきたのか、親子で友だちのように話せるようになりました。中学生の間は、「思春期・反抗期だから」ととらえて、つかず離れずで見守るしかないようですね。

（東京都北区　R・A）

A3 順調な成長なのでご安心を！
子どもに任せることが、いちばん大切です

反抗的な態度をとったり、口をきかない状態が続いても、順調な成長だと思ってください。愛情関係がしっかりできていれば、子どもが本当に困ったときには、ヘルプサインを出すはずです。親は、過度に心配したり干渉したりせず、子どもが求めてきたときに、対応するようにしましょう。「子どもに任せる」ということが大切なのです。

ただし、「見ている」ということは忘れないでください。子どもを見ていないと、まだまだいろいろなことが起こります。もし、家庭内暴力や登校拒否、ひきこもりなどの問題があるようでしたら、親が一人で抱え込まないで、専門家や学校の先生に相談して、適切な対応を考えていくようにしてください。

（お茶の水女子大学助教授　菅原　ますみ先生）

編集部から

思春期の子育ては、そう簡単にはいきません。お子さんも十人十色ですから、ほかのお母さん方と情報交換をしたりして、わが子に合った対応法を見つけてはどうでしょう。頭ごなしにガミガミ言ったりせずに、じっと見守ることも大切です。思春期は誰にもあるもの。親はゆったりとしていましょう。

Q2 暴力をふるうなど、反抗がひどいときがあります。家庭内のことを、学校に相談してもいいのでしょうか？

A 学校は子どもに関することを相談できる場所

家庭内のことも相談できます

この時期の親に対する子どもの反抗は、一般的には「自我の確立」と「親離れ」という、健全な成長の表れです。しかし、親に伝えたいことがあるのに、言葉でうまく伝えられないときや、きちんと理解してもらえないときには、激しい反抗の形となって出ることがあります。

暴力をともなうほどの反抗が表れた場合、親はなぜこのようなことが起きているのかを冷静に考えて、子どもを取り巻く家庭環境について見直してみることがまず必要です。そして、家庭内だけで考えても解決がつかなかったり、わからないときは、一緒に考えてもらうという意味で、担任の先生に相談することも必要でしょう。

学校は子どもに関するさまざまなことを相談できる場所なのです。

学校カウンセラーに相談する

言いにくいことは、心の専門家に任せて

しかし、子どもの問題は家庭の問題を抜きにしては語れないので、ここまではちょっと担任の先生にも話せない、という場合もあります。

また先生のほうでも、なかなか適切なアドバイスができない、ということがあるかもしれません。そんなときには、スクールカウンセラーなどの専門家に、相談をもちかけるのも一つの方法です。カウンセリングルームで話されたことは、決して口外しないのが基本ですから、安心して相談できると思います。

以前はカウンセリングルームを学校に置いていると、その学校には何か問題があるのではないか、と誤解されることもあったようです。

しかし、現在のように地域や家庭内だけではケアできない状況が出てきて、学校でも積極的に「心の問題」に取り組むようになったこともあり、スクールカウンセラーのような専門家を置くケースが増えてきました。

学校以外でも区や市などの地方公共団体では、子どもホットラインや教育相談などのさまざまな相談窓口を開いています。

また、教育学科や心理学科のある大学にも相談室を設けているところがあり、一般からの相談にも乗ってくれます。また、東京臨床心理士会（☎03—3818—1176）では、臨床心理士がいる都内の相談機関を教えてくれます。これらの機関を利用するのも、いいと思います。

（吉祥女子：カウンセラー・土屋静子先生）

ちょっとコラム

スクールカウンセラーは、生徒の心の成長を側面から支援する目的で設置されるものです。カウンセリングに力を入れている学校は、勉強だけでなく心のケアにも配慮していることに注目しましょう。

現在、スクールカウンセラーは、かなりの私学で導入されています。また、導入を検討している学校も増えています。学校説明会で、この点を確認してみてもいいでしょう。

土屋先生がいる吉祥女子では、約20年前からカウンセリングルームを設けて、生徒の心のケアに力を入れてきました。現在、2人のカウンセラーが週4日、交替で生徒や保護者の相談にあたっています。卒業生もときどき、相談に訪れることがあるそうです。

Q3 部屋を乱雑にして困ります。何度注意しても片づけません。どうしたらいいのでしょうか？

A1 本当に困れば自分で片づけるかも
散らかっていると、探し物にも困るはず

息子は、「散らかっているほうが落ち着く」と言います。片づけたくないからなのか、本当にそうなのかわかりませんが……。親が片づけて、何かなくなったとか、文句を言われるのも嫌なので、「本当に困れば、自分で片づけるだろう」とそのままにしてあります。

　その代わり、散らかっていたために、探し物に時間がかかるときは、「片づけていれば、すぐに見つかって、こんな苦労はしないのにね」とチクリと言ってやっています。

（千葉県浦安市　M・M）

A2 親が片づけるのは良くないと思う
「片づけなかったら全部捨てる」と脅す

わが家の場合は、「あと1週間で

片づけなかったら、すべて捨てる！」と息子を脅しています。でも、日ごろは放っておきます。あまりひんぱんに注意すると「脅し」はきかないので、夏休み、冬休み、春休みの年3回くらいにしています。

子どもの部屋を、いつまでも親が片づけてあげるのは良くないと思います。せめて月に1回くらい片づけるように注意したり、学期ごとに学校のプリントなどを整理するように言ってみてはどうでしょう？　あるいは「自分で片づけないなら、親が片づける」と言ったら、あわててやるのではないでしょうか。

（東京都江戸川区　K・S）

A3 自分で気づき、片づけます
きれいな部屋を見せて、子どもに刺激を与える

女の子の部屋なのに、床が見えないくらい散らかしているので、いつもガミガミ怒っていました。でも、こちらもストレスがたまってしまうので、放っておいて、ほかの部屋をピカピカにきれいに掃除したのです。そうしたら、何も言わないのに急に自分の部屋を掃除し始めました。部屋がキレイになると、「見て見てキレイになったでしょ！　がんばったんだよ」とわざわざ言いに来たので、「うわぁ～すごいねぇ」とほめてあげたら、ときどき掃除するようになりました。

また、友だちの家に遊びに行ったとき、きちんと整理されていたり、おしゃれだったりするのを見ると、刺激されて片づけていました。反抗期であるこの時期に、うるさく言うのはかえって逆効果だと思います。直接的ではなく、間接的な作戦が案外効果的かもしれませんよ。

（埼玉県蕨市　N・K）

A4 生活のスキルを教えるのは大切
今日からでも手伝う習慣を身につけさせる

受験期に親が「あなたは何もしなくていいの、勉強だけやってなさい」というのは、子どもにとって不幸なことです。基本的な生活を一人でできるようになること、つまり生活のスキルを身につけることは大切なことです。

こうしたことは、小さいころから少しずつやらせると、自然に身についてきます。小学校高学年なら、ご飯を炊いたり、洗濯や掃除をするなど、簡単な家事を手伝わせるようにしましょう。いままでやらせていなかった場合は、今日からでも始めましょう。子どもが少しでも意欲を見せたり、整理できたら、しっかりほめてあげてください。

（お茶の水女子大学助教授　菅原ますみ先生）

Q4 親同士友だちになって情報交換をしたいと思います。どのようなつき合いをしたらいいのでしょうか？

A1 学校行事には積極的に参加！お茶に誘い合って、交流を深める

まず、娘（女子校）と仲が良い子のお母さんと知り合いになりました。子どもの会話によく出てくるお名前を覚えておいて、保護者会でお会いしたときに声をかけて、あいさつするようにしました。

先方の家に遊びに行ったら、お礼を兼ねて電話をして、おたがいの様子を話したり、学校のことでわからないことがあったら教え合ったり、コミュニケーションを密にするように心がけています。

保護者会や学校行事などには積極的に参加するようにして、おたがいに顔見知りになることが大切だと思います。

保護者会が終わったあとには、近くに座った方々を誘い合ってお茶などを飲みながら交流を深めます。

私もそうやって何人もの方と親しくなり、いまでは一緒に食事をしたり、出かけたりするようにもなりました。こうして仲良くなった方とは、クラスや学年とは関係なく、話しやすい間柄でいられるようです。

（東京都港区　E・M）

A2 メールで情報交換しています
クラブの保護者会の自己紹介がきっかけ

息子（男子校）が通う学校でPTAの役員をしたり、父母のサークルに参加したりすると、学校に足を運ぶ機会が多くなって、自然と親しい人ができていくと思います。

PTA主催の行事に参加すると、ランチなどを一緒に食べながら、同学年の方だけでなく、先輩の方とも親しくなれて、学校のさまざまな情報など聞くことができます。

息子は管弦楽クラブに入っているのですが、そのクラブのお母さん方とも親しくしています。

親しくなったきっかけはクラブの保護者会の前に、部長を務めているお母さんがランチ会を企画してくださったことです。

自己紹介のとき、「最近パソコンを始めました。メル友がほしいです」と発言したら、「私もお願いしたいわ」という方が何人かいて、おたがいにアドレス交換をしました。

メールでの話題は子どものことが中心ですが、テストのこと、クラブのことも話題にのぼります。

メールは自分の都合のいいときに読んで返事を送れるし、面と向かってはなかなか言えないことも、気楽に書くことができる点がいいですね。

（埼玉県上尾市　K・I）

ちょっとコラム

親しく話せる、親同士の友だちをつくるには、やはり学校に行く機会を増やすことです。保護者会にはできるだけ出席して、隣に座った方、子どもから聞いている名前の方には積極的に話しかけるといいでしょう。役員を引き受ければ、クラスや学年を越えて親しくなることもできます。子どものクラブの保護者会でもそういうきっかけはつくれます。一緒にお昼を食べたり、会のあとお茶を飲みながら談笑する母親の姿は、学校の近くでよく見かけられます。最近はメールをやっている父母が増えて、メールでの情報交換も盛んです。ただ、メールに限らず、情報交換が単なるうわさ話になってしまっていることがあります。この点はくれぐれも気をつけたいものです。

Q5 中1の娘に彼ができたようです。深い交際はしてほしくないのですが、どう接すればいいのでしょうか？

A1 妊娠について話し合いました
親子で話せる雰囲気を日ごろからつくる

まず性に関する正しい情報を与えることが大切だと思います。

娘（女子校）は、小学校の「総合の時間」で、性教育をきちんと受けたので、それを機会に親子で妊娠について話し合いました。

具体的には、もう妊娠する可能性があること、不用意な妊娠をするとどういう状況になるのか、精神的に傷つくのは両当事者かもしれないが、肉体的なリスクを負うのは女性である、などです。

娘が通う学校では、性教育のお話があり、知識はもっているようですが、精神的なことや責任については、親が話したいと思います。

そのためには、日ごろから親子でこういう話題についても話し合える雰囲気をつくって、たがいの信頼関係を築いておく必要があります。

私は、「親になる覚悟がまだできないうちは、親になる可能性のある行動はしないように」と、日ごろから娘に言っています。

（神奈川県横浜市　M・N）

A2 男子と女子の関心レベルは違う
家庭での性教育は、親子で本を読む方法も

思春期の「性」に対する知識のレベルは、一般的に低いので、親が子どもにある程度の性教育をしてあげることは必要です。

たとえばテレビや雑誌から映像としての知識は入ってきますが、具体的な妊娠のメカニズムについてはよく理解されていません。また、女子の性に対する葛藤は、男子のそれよりも一般に強く、男女の性に関する関心レベルは、30歳くらいで同程度になると言われています。つまり、この時期では、男子が「女子も喜ぶだろう」と思って行動しても、女子は実は嫌だと思っていることが多く、そこに大きなズレがあります。

家庭で性教育をする場合、男子には父親が、女子には母親のほうが話しやすいでしょう。男女交際の場合は、過剰に干渉しないで、親が「大人モード」になって、個人としてのプライバシーを守ってあげてください。でも、このようなことをしたら「危険」だというラインは、必ずしっかりと教えるようにしましょう。

実際の性教育に関しては、さまざまな書籍が販売されていますので、わかりやすくてきれいな本をプレゼントしたり、親子で一緒に読んだりするという方法もあります。

（お茶の水女子大学助教授　菅原ますみ先生）

ちょっと コラム

家庭での性教育に役立つ書籍

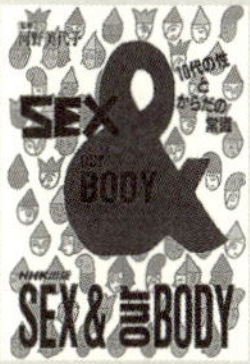

『SEX & our BODY』10代の性とからだの常識

日本放送出版協会発行
定価：本体922円＋税

男女の体のしくみから、セックス、人工中絶、エイズなどを豊富なイラストを用いてわかりやすく解説。

『だれにでもできる性教育』

小学館発行
定価：本体1,500円＋税

小学校教諭向けの書籍だが、子どもの成長を理解することができ、家庭での性教育の参考になる。

Q6 携帯電話の通話料がばかになりません。学校にも持って行きます。どう対処すればいいのでしょうか？

A

1 話し合って親が出す金額を決める

ある上限を超えたら、自分で払う約束に

わが家では携帯電話の通話料は1カ月3000円までは親が出すが、それを超えた場合は自分で払うこと、と約束しています。

友だちのなかには1カ月で1万円を超える通話料を親に払ってもらっている子もいるそうで、驚いています。親は毅然とした態度で臨むべきでしょう。

息子は学校（男子校）にも持って行きますが、登校するとすぐに担任に預ける決まりになっています。以前は生徒たち自身で携帯を管理していたのですが、授業中に着信音が鳴ってうるさいので、クラスで話し合ってそのようになったそうです。

もし授業中に鳴ったり、隠れてメールをやっていたら即没収になります。後日、保護者が呼び出されるので、こっそり持っている子も必ず電源だけは切っているようです。

（東京都武蔵野市　R・A）

A 2 通話料を引いてから小遣いを渡す 学校は持ち込み禁止。守らなければ没収に

毎月の小遣いを渡すとき、携帯電話の通話料金を引いて渡しています。あまり使うと、小遣いが少なくなるので考えて使っているようです。最近はどの電話会社でも通話料が割安になる「パック料金」をそろえているので、それをうまく利用するのもいいのではないでしょうか？

学校（男子校）へ持っていくのは禁止で、見つかったらすぐに没収されてしまいますが、わからないように持っていく子はいるようです。携帯電話がこれだけ普及しているのに、学校には持ってくるな、というのは納得できないのでしょう。

息子も持って行きたいようですが、学校で見つかって没収されたらもう買わない、と言ってあるので、たぶん持って行っていないと思います。

親のほうでも、「緊急に連絡するときに必要」とか「女の子なので帰りが心配」という理由で、持たせたいと希望を出す方もいるようです。

校則で禁止されているうちは持って行かせないようにしたいのですが、禁止にしても内緒で持って行くので、一種のイタチごっこですね。

使い方のマナーを徹底して、ルールを守って使ってほしいと思うのですが、電車のなかなどの状況を見ると、それも難しいかもしれませんね。せめて、わが子にだけは徹底させたいと思いますが……。

（神奈川県横浜市　R・A）

ちょっと コラム

携帯電話の普及はすさまじく、小学生でも携帯電話を持っていることは珍しくありません。緊急に連絡したいとき、塾で帰りが遅くなったときなど、携帯電話を持っていると確かに便利です。しかしその反面、電車の中や映画館など、いろいろな場面でのマナーが問題になっているのも事実です。学校でも、授業中に着信音が鳴ってうるさい、授業中にメールをするなどの問題が発生し、持ち込み禁止にしたり、学校にいる間は先生に預けるなどの処置がとられているところもあるようです。

携帯電話は便利なものですが、使うときのマナーは守る必要があります。病院や劇場などでは電源を切る、電車の中では使わない、など親子で話し合ってみてはどうでしょう。

Q7 学校で友人関係がうまくいっていないようです。親として力になれることはないでしょうか？

A1 男子校のケンカやいたずらは日常
学校では、人間関係も経験して勉強する

息子が通う学校は男子校ですが、学校にも慣れてきた時期にケンカが何回かあったそうです。そのたびに、先生が仲裁に入ったので、大きな事件にはなっていません。

また、ときどき度が過ぎるいたずらがあるようで、ロッカーの鍵が壊されたこともありました。やった子どもたちは、遊び心だったようです。

男子の場合は、乱暴な言葉を使ったり、ちょっとした暴力があってもあとはさっぱりとしているようです。その点、女子は「根にもつ」ことが多く、小さな誤解から絶交状態になることもあるようですね。でも、そういう友人関係を含めて学校で学んでいるのだと思います。

（東京都葛飾区　S・I）

A

❷ 中学生は、友人関係が深まる時期
親は「人生の相談相手」になって話を聞こう

中学生は、赤ちゃん時代からしっかりと築いてきた親子関係を土台にしながら、いちだんと〝友だち〟との関係が大切になる時期です。「親に話せないことも友だちには聞いてほしい」など、親友のような深い人間関係をもてるようになってくるのです。親としては少しさびしい気がすることもあるかもしれませんが、「友だち関係で悩むほど、成長したんだな」と思ってください。

また、「友だちが大事」という時期ですから、友人とうまくいかなかったり、裏切られて傷ついたり、ということで悩むことも多くなります。友人関係は親子関係（「保護される」というタテの関係）と違って、「対等でおたがいの利害関係もぶつかり合う」ヨコの関係です。信頼されるのも、友人集団のなかでそれなりの〝居場所〟を確保していくことも、基本的に子ども自身の力で築いていかなければなりません。親としては、つらいこともありますが、「がんばって！　あなたのサポーターはここにいるのよ！」と応援してあげてください。家族が温かく見守ってくれていることは、子どもの〝元気の素〟なのです。反抗期でもあるこの時期ですから、言葉に出したりしないことも多いですし、「どうしたの？」と聞いても、「うるさいな！」とつっぱるかもしれません。でも、子どもはちゃんと家族の心配や〝愛〟を感じています。子どものほうから相談してきたり、「大変そうだね」などと〝水を向けて〟みたときに、話をしてくれるようだったら、〝大人モード〟でゆっくり話を聞いてあげてください。親自身の体験を語ってくれるのも、子どもにはうれしいことです。「友だちは大切。でも自分に合った相手や、つき合い方をゆっくり見つけていこうね」とアドバイスしてあげてください。

基本的には、親の役割はこのような、「子どもの最大のサポーター」であり、「良き人生の相談相手」なのです。しかし、仲間からの孤立やイジメなどの大きなトラブルに巻き込まれているようでしたら、もっと強力に踏み込んだ親の対応も必要になります。子どもからきちんと話を聞くことも大切ですが、自分から心を開いて言えないほど、傷ついていることもあるかもしれません。不幸にしてそのような場合は、あらゆる手を尽くして情報を集め、適切な対応を考えましょう。

（お茶の水女子大学助教授　菅原ますみ先生）

Q8 父親がいないため、家庭教育にも偏りがあるのではないかと心配。注意するべき点を教えてください

A1 父親不在で母子家庭のような家庭 頼れる担任の先生に、相談するのもいいかも

男子の場合、父親の存在が必要な場面があります。母親では、どうすることもできないこともあるのです。わが家は、毎日主人の帰宅が遅く、息子とまったく顔を合わせないことのほうが多いのです。まるで母子家庭のようです。

息子は共学の付属校に通っていますが、担任の先生が、ベテランの男性の先生。男の子3人の父親でもあり、お孫さんもいらっしゃいます。主人以上に頼って相談したことがあり、そのときは本当に的確なアドバイスをいただきました。

母子家庭、父子家庭だからといって、不都合があるなんて思わないでください。がんばってほしいです。

（神奈川県横浜市　K・Y）

A2 父親役、母親役の両方は無理
できる範囲で愛情を子どもに伝えよう

私は、娘が2歳のときに離婚し、それからずっと二人暮らしです。いま娘が通っている共学校の友だちには、母子家庭の子はいないようです。最初は、学校で父親の話が出たときに、最初は母子家庭だということを隠していたようです。私は、娘が堂々と家庭のことを話せるように、母親としてがんばっていこうと思います。

また、父親役と母親役の両方をこなさなければならない、とずっと思っていたのですが、「母親は母親だけやってればいいのよ」と知人にアドバイスされ、気が楽になりました。「父親には、自由に会っていいよ」と言っていますが、会っていないようです。仕事も忙しくて、なかなか二人で遊びに行ったりすることはできませんが、できる範囲で愛情を伝えようと思っています。

（千葉県柏市　Y・K）

A3 親の心が安定していることが大切
周囲のサポートを利用して、のんびり

同居している親の心が安定していることが大切です。ときには、子どもを信頼して頼りにしたりするのもいいでしょう。注意しなければならないのは、離婚前後の親の気持ちのゆれに対して、子どもも短期的に大きなダメージを受けるということです。その時期に、親の不安な気持ちを子どもにぶつけたり、心の葛藤を見せたりしないように配慮してください。たとえ両親が離婚したとしても、別れた相手の悪口を、子どもの前で言ったりしないようにすることも大切です。

ひとり親になったからといって、がんばり過ぎる必要はありません。子どもは親をよく見ているので、親の努力はわかっているはずです。「一緒にがんばろう」という態度で接してください。親は、仕事と家事・育児との両立でゆとりがなくなりがちです。家では、子どもとのんびり過ごせるように、周囲のサポートを上手に利用したり、気持ちの切り替えができるといいですね。

（お茶の水女子大学助教授　菅原ますみ先生）

Q9 友だちと外出して、ナンパやカツアゲをされた子がいるようです。どう指導すればいいのでしょうか？

A ① 危険を避けるために、心がけたいこと

対処法を親子で話し合いました

息子の通う男子校では、違うクラスの子が駅のトイレで〝カツアゲ〟をされたという話を聞きました。

相手は3人で、トイレの出口をふさいで逃げられないようにしておいて、お金を要求されたそうです。

こういうことは、いつどこで起こるかわからないので、わが家でもカツアゲ対策を話し合いました。

- 学校から帰るときは、なるべく友だちと一緒に帰るようにする。
- 人気のないほうへは行かない。
- 公衆トイレに一人で入ることはできるだけ避ける。
- 友だちと遊びに行くときは、あらかじめどこに何をしに行くのか、計画を立てて親の許可を得る。
- 休日の外出の門限は6時で、もし

遅くなるようなら必ずその旨の連絡を入れる。

●あまり大金を持って歩かない。

●万一の場合に備えてお金は2カ所に分けて持つ。

そして、もしカツアゲにあったらとにかくお金を渡して、その場から逃げるようにと言いました。お金を出さないで暴力をふるわれたという例もあるようですから。

もちろん、気をつけているからといって、絶対大丈夫ということはありませんが、常に注意していることが必要だと思います。

ところで、学校帰りにジュースやお菓子を買って、飲んだり食べたりしている子もいるようですが、これもカツアゲのきっかけにならないかと心配です。あまり大っぴらにしないように、息子には言っていますが。

（東京都目黒区　E・N）

A2 どんな場所が危険かを教えます
保護者会でも、情報の交換を

中学生になると行動範囲も格段に広がるので、危険な目にあうことも増えてくると思います。

とくに女子の場合、ナンパされかけた、という話もよく耳にするので、親としては心配はつきません。

私は娘（女子校）に、どういう場所が危険なのかを教えて、たとえナンパされても無視するように言っています。また、外出するときは、どこへ誰と行くか、何時までに帰るかを確認します。

保護者会でも話題にして、こういう場所でナンパされそうになったという情報を交換しています。家庭でも十分に話し合ってほしいです。

（千葉県千葉市　T・K）

ちょっと コラム

中学生になって友だち同士で出かける機会も増えると、思いもよらないトラブルに巻き込まれることもあります。日ごろから、万一に備えての対応法を親子で話し合っておくことが大切でしょう。

また、子どもが被害にあったらすぐに学校に届けます。未遂の場合でも先生に話しておくといいでしょう。

万が一、自分の子どもが被害者でなく加害者のほうだったら、届けることをためらうかもしれません。届けて退学になったらと心配するのでしょうが、本当に子どものことを考えるなら、事実をありのままに学校の先生に報告するべきです。

隠していたために、あとからとり返しがつかない事態に発展してしまったということもあります。

Q10 電車通学を始めたら、チカンにあって困っています。チカン対策にはどんなことがありますか？

A1 駅員さんにお願いして、ホームの見まわりを

一人になる機会をつくらない

私も女子校に通う娘の母親なので、他人事ではありません。私なりにチカン対策を考えてみました。

まずホームでは一人でいることを避け、女性やカップルの側に立って電車を待ちます。こうすれば、ホームでのチカン被害を回避できるのではないでしょうか。

チカン撃退用の、びっくりするくらい大きな音の出るブザーを持たせることも一つの方法でしょう。チカンにあうと恐怖で声も出なくなると思うので、外出するときはいつも持参するといいのでは？

もし、同じ駅の同じ時間帯に同じチカンにあうなら、駅員さんに相談してその時間帯にホームを見まわってもらったらどうでしょう？

実は私が子どものころ、チカンにあった友だちがいたのですが、その子のお母さんが駅員さんにお願いしたと聞いたことがあります。

子どもの力では限界があるので、友だちに協力してもらったり、駅員さんに相談したり、他人の力を借りることも大事なことだと思います。

（神奈川県逗子市　Y・O）

A2 特定の人物からねらわれないように

毎回乗る車両を変えてみる

行き帰りの電車に一緒に乗っていける友だちはいませんか？　一人より複数でいるほうがチカンにねらわれにくいと思います。

または、毎回乗る車両を変えるとか、各駅停車ごとに隣りの車両に移動するのはどうでしょう？　一カ所にとどまる時間を短くすれば、ねらわれる確率も低くなると思います。

もし、いつも同じチカンだったら、目をつけられているのかもしれません。駅員に相談するなり、ひどければ、警察に届けましょう。

（東京都大田区　S・H）

A3 物騒ないまの世の中。子どもをどう守るか

基本的なことをしっかり教える

基本的なことですが、なるべく友だちと一緒にいる、変な人の近くに寄らない、大声で助けを求める、毅然とした態度をとる、などをしっかり教えています。携帯電話と防犯ブザーも必ず持たせます。

しかし、どんなに注意してもチカンの被害はあとをたちません。親は子どもをどう守ってやるかを考えることが必要です。チカンをする大人のほうにも、反省を望みたいです。

（東京都新宿区　K・A）

ちょっと コラム

あきれてものも言えないのですが、インターネットの中には、チカンがアクセスするサイトがあるのだそうです。そのサイトの掲示板では、チカンをした経験を、路線、駅名、時間、車両などを具体的に出して報告したり、○○学校の生徒はチカンをしても抵抗しない、などの情報を流しているそうです。

インターネットは世界中の誰でも見ることができます。その掲示板を見たチカンがいっせいに集まってきたら……。考えるだけでも恐ろしくなります。

子どもがチカンにあったら、黙っていないで、早めに大声をあげるなどして周りに知らせることを教えます。それができないなら、とにかく親に話すように言いましょう。

COLUMN 6

友だちの家に遊びに行くときの手みやげ

COLUMN

最初に行くときは持たせて、慣れてくれば手ぶらでも

子どもが友だちの家に遊びに行くとき、手みやげを持たせるかどうかは悩むところ。先輩のお母さんに聞くと、「初めて行くときは、1000円くらいのお菓子を持たせていました」という方がほとんどでした。そして、仲良くなってくると、「おたがいに手ぶらにしましょう」ということになっていくようです。なかには、「事前に必ず電話を入れ、その日集まる人数を確認して、お菓子を持たせます」という例や、翌日お礼の品物が届いて恐縮したという例もありました。

小学校から私立に通わせていた方は、「友だちの家に行くときは菓子折りを持って行くのが当然」だったので、中学でも同じようにしたら相手がとてもびっくりして、逆に驚いたそうです。学校によって、家庭によって、対応は実にさまざまということでしょうか。

何を持たせるにしても、これはあくまでも気持ちの問題ですから、あまり負担にならないようにしたいものです。

7章

話し上手になるテクニック

学校行事や役員会で役立つ「学校スピーチ集」

保護者会や役員会でのあいさつや、意見を言うとき、簡潔に要点をまとめたスピーチが好感度や信頼感をアップさせます。
スピーチのコツを覚えて、話し上手になりましょう。

主な内容

◆スピーチの準備とマナーとは？
◆保護者会・役員会でのあいさつは？
◆謝恩会の司会はたとえばこうする！

これだけは押さえておきたい

スピーチの準備とマナー

私立中学に入ると、保護者会や役員会などの集まりが少なくありません。司会やあいさつを頼まれたり、発言をすることも。押さえておきたいスピーチのコツとは？

スピーチで心得ておきたいポイント

まず一つは、ＴＰＯ（時、場所、状況）を見極めるということ。保護者の一人としてクラスの保護者会で自己紹介するケースと、役員として式典であいさつをするケースとでは、当然話す内容や話し方なども異なります。このＴＰＯを見極めたうえで、ふさわしい内容や言葉、姿勢を考えていきましょう。

もう一つは、スピーチの長さは1分から3分が理想的であるということです。3分というのは、４００字詰めの原稿用紙で2枚ちょっとくらいの分量です。

また、ほかにも話す人がいる場合、自分一人で時間を取り過ぎないように注意しましょう。

上手なスピーチをするためには

上手なスピーチをするには、まず、テーマを一つに絞ります。あれもこれもと話題を盛り込んでしまうと、まとまりがありません。そこに具体的なエピソードを入れると、話を身近に感じてもらえます。

テーマが決まったら、聞いている人が情景を思い描けるように、臨場感や雰囲気を伝えるように工夫します。たとえば、「学校の近所の方から、『〇〇中の生徒は、私を見るといつも元気に、おはようございます、とあいさつをしてくれて、本当に気持ちがいいです』と校長先生に連絡がありました」というように、話のなかに実際の会話を入れると臨場感が高まります。

最後に、耳から聞いてわかりやすい表現にしましょう。それには、書き言葉でなく、話し言葉を使います。また、一つの文がだらだら長いと聞きにくいので、一つの文は短くなるようにします。

言葉づかいにも気を配りましょう

人前で話すのだからと気負って、ふだん使い慣れていない難解な言葉を使うと、聞いているほうも苦痛です。スピーチも自分なりの言葉づかいでかまいません。しかし、そうは言っても周りからひんしゅくを買うような表現や言葉づかいは避けたいもの。くだけすぎた言い回しや、流行語もひかえましょう。ていねいな言葉やきれいな表現は、聞くほうも心地よいものです。

また、私学には、いろいろな背景をもった子どもと親が来ています。次のような表現には配慮しましょう。

●人種、民族、国籍

多様な子どもがいることを考慮し、「私たち日本人は」などの表現は避けます。

●特定の宗教・政党

関係者がいる可能性もあります。悪口は厳禁です。

●性差別につながること

最近はセクシャル・ハラスメントの問題もあります。

●ハンディキャップ

ことさら「五体満足」を強調するのは避けましょう。

ちょっとしたマナーとテクニック

スピーチは席を立つところから始まっています。マイクの前に歩いて行くときも、人から見られていることを忘れずに。緊張すると動作がセカセカしがちになります。ゆっくりと落ち着いた動作を心がけましょう。背筋を伸ばし、顔を上げ、ゆっくりとマイクまで歩いていき、スピーチが終われば同じように席に戻ります。

また、同じ内容の話でも、話し方によって印象は違います。好印象を与えるには次のことに注意します。

●にこやかな笑顔で話す

●上手に間をとる

●テンポよく話す

●自分で「ゆっくりかな?」と思うぐらいが聞きやすい

●「えー」や「あのー」など無駄な言葉を入れない

●「～でぇー」「～なのにぃー」というように、語尾を消したり、伸びたりさせない

●上品に見せようと気取った調子で言わない

以上のマナーやコツをマスターすれば、〝スピーチ上手のお母さん〟と呼ばれることでしょう。

プロが教える、スピーチのテクニック

スピーチのコツがある程度つかめたら、今度はワンランク上のスピーチをめざしましょう。フリーアナウンサーの河崎早春さんに、アドバイスをいただきました。

心をつかむスピーチには、日ごろの心がけが不可欠

私の知っている方で、いつもとても素敵なあいさつをする女性がいます。あるときはユーモアを交えたスピーチで会場を笑わせ、あるときは格調ある言葉で聞く人に感動を与えます。そして、短いあいさつのなかに必ず興味深いエピソードを盛り込んでいるのです。

あるとき、「なぜいつも、そんな素敵なあいさつができるのですか」とたずねたところ、「会に出席するときは、突然あいさつをすることになっても困らないように、必ず何か話題を準備しているんですよ」とのこと。人の心をつかむスピーチをするためには、日ごろのちょっとした心がけが大切なのですね。

常に話題を考える習慣を、身につけることが大切

人が集まる席に招待される機会があったら、あいさつやスピーチをする人の話に耳を傾けて、「自分だったらどう話そうか」と考える習慣をつけてみましょう。

その集まりに適した話題をスピーチのなかにさりげなく入れるには、人との会話、新聞や雑誌、テレビなどから、常に意識して情報を集めておくことが大切です。これが身につくと、学校行事や懇談会に参加しても、その場にふさわしい話題を盛り込んだスピーチができるようになるでしょう。

その場に合った言葉づかいをす

る、話の要点を簡潔にまとめる、紋切り型ではない心のこもった表現を選ぶ、決まった時間内におさめることにも留意しましょう。

かなり慣れてきたら、パターンを崩してみる

たいていのスピーチやあいさつは、最初に自己紹介をして、次にお祝いを述べて……、というように決まったパターンで始まります。しかし、必ずしもこのように進める必要はありません。慣れてきたら、自分らしい最初のひと言から始めてみるのもいいでしょう。

たとえば「みなさん、今日の空はみなさんの心のように美しく晴れわたっていますね」と呼びかけることで、聞く人の興味を自分に集めることができます。

また懇談会で、前の人の話題をうまく引き継いで「○○さんのお家は犬に振り回されているということですが、わが家ではトラに振り回される日々なんですよ。トラと言っても、猫のトラなんですけど」というふうにもっていくと、聞く人も「えっ！」と、思わず興味を示すのではないでしょうか。

小道具を効果的に使って、好奇心を向けさせる

耳で聞かせるばかりでなく、視覚に訴えると、「あれ？　何かな」とより注目を集めることができます。「これは、この学校で初めて運動会が行われたときのプログラムです」「みなさん、この写真を覚えていますか？　これはみなさんの入学式のときの記念写真です」というように、エピソードを引き出せるような小道具をあらかじめ用意しておくと、スピーチはより魅力的なものとなるでしょう。

河崎早春（かわさき　さはる）
フリーアナウンサー。キャスター、インタビュアー、コンサートの司会や朗読、芝居など、テレビや舞台で幅広く活動中。話し方に関する著書も多数手がけている。

保護者懇談会の司会進行

発言しやすい雰囲気づくりを

保護者懇談会は、気軽な雰囲気の母親たちの集まりです。司会だからと緊張したり、かた苦しく考えないで、出席者が発言しやすい雰囲気をつくるよう心がけましょう。

（例1）

本日は、お忙しいなかをお集りくださり、ありがとうございます。司会を担当いたします関根です。

さて、今日の保護者会の予定ですが、まず、先生から1学期を振り返ってクラスの雰囲気や、授業の様子などをうかがいます。

中学生になって、自我が目覚めてきたのでしょうか、小学生のころのように何でも親に話すということもなくなってきました。

わが家でも、クラブから帰ってくると、「メシ」「風呂」「寝る」と必要最小限の言葉しか言わない状態です。今日はそのあたりのことも、先生からお話しいただく予定です。

先生のお話のあとは、みなさまに自由に語っていただきたいと思います。いま、心配されていることなどをお聞かせください。

それでは先生、よろしくお願いいたします。

構成

保護者会の始まりを告げるあいさつです。まず出席した人たちに、司会者が自己紹介します。クラスの懇談会なので、あまりかた苦しいあいさつは不要です。

次に、本日の会の予定を説明します。会の進行については、あらかじめ担任の先生と話し合っておきましょう。

先生からのお話のあとは、テーマを決めてフリートーキングに移るのがよくあるパターンですが、役員からのお知らせなどがある場合は、その間に入れます。

先生のお話や、役員からの報告のあとには、何か質問はありませんか、と確認しましょう。

フリートーキングのテーマは、親の関心が高いものや、比較的話しやすいテーマを選ぶといいでしょう。

(例2)

みなさん、こんにちは。今日は雨のなか、ようこそおいでくださいました。司会担当の島崎です。

本日の予定をお話しいたします。まず最初に、担任の松本先生から文化祭に向けてのお話と、連絡事項があります。次に役員より、文化祭のお手伝いについてのお知らせがあります。

そのあとは、みなさんから最近のお子さんの様子などをお話しいただきたいと思います。入学して半年を経過したいま、気になっていることや心配なことがありましたら、できる範囲でいいのでぜひお話しください。ひょっとして、同じような悩みや不安を抱えている方も、いらっしゃるかもしれません。そのような方へのアドバイスにもなるかと思います。ただし、クラスで話されたことは、よそでは話さないというルールは守っていただきたいと思います。

最近は、子どもの気持ちがわからないという親や、先生にも親にも心を閉ざしている子どもも珍しくありません。こんな時代だからこそ、親と学校の信頼関係を強くして、親同士も結束しながら、一緒に子どもたちの成長を見守っていくことが大切ではないでしょうか。

こんなことを話したら軽蔑されるのでは、こんなことで悩んでいるのを知られたら恥ずかしい、などという心配は無用です。

どうか忌憚のないご意見を出していただきたいと思います。それでは、松本先生、よろしくお願いいたします。

ポイント

ほとんどの学校では、定期的な保護者会が開催されています。最近は仕事をもっている母親も多いことと、父親の参加を促す意味から、土曜日の午後に開催する、と決まっているところもあるようです。

司会者の務めは、参加者の意見をスムーズに引き出すことです。ただ、「お子さんの様子を話して……」と話をもっていくのでなく、自分の家のことを例に出したり、「こんな時代だからこそ……一緒に子どもたちの成長を見守っていくことが大切ではないでしょうか」と言葉を添えることで、発言しやすい雰囲気をつくることができます。

遅れて来る方もいるでしょうが、時間は限られているので、時間は厳守しましょう。集まりが悪くても、定刻になったら開始しても構いません。

アドバイス

クラスの懇談会の司会といっても、大勢の人の前で話す機会がそう多くない母親にとっては、緊張するのは当然のことです。ふつうは誰でも緊張するもの、と開き直って肩の力を抜くようにしてみましょう。

そのうえで、会の進行と要点をメモして、それを見ながら進めていくと安心です。司会だからと気どったりしないで、笑顔で話しかけると、出席者も話しやすいでしょう。

コツさえつかめば大丈夫

保護者会でのあいさつ

保護者会で発言を求められたとき、何を話していいかわからない、と悩んでいませんか？　あいさつや発言は、コツさえつかめばきちんとできるようになるものです。

（例1）

大沼涼子の母、大沼多恵子と申します。

涼子には3歳上の兄がいまして、兄もこの中学にお世話になりましたので、学校生活については、だいたいわかっているつもりです。

クラブはテニス部に所属し、練習にも楽しく参加しているようです。ただ、小学校のときのように、学校のことや友だちのことをあまり話さなくなりました。順調に成長している証拠と思っていますが、母親としてはさびしくもあり、複雑な心境です。

なるべく干渉しないようにと気をつけているのですが、つい心配で口を出してしまい、うるさがられることもたびたびです。みなさんのご家庭では、どのように対処されているのでしょうか。何かよいアドバイスがあれば、ぜひお聞かせください。また、学校での様子などを先生からお話しいただければと思っています。よろしくお願いいたします。

構成

（例1）は、保護者会で自己紹介するときのパターンです。子どもの名前だけでなく、自分の姓名も名乗りましょう。子どもの性格や近況、兄弟関係などに加えて、親の信念や気持ちなども話すと、より印象に残ります。

ただ自己紹介するだけでなく、子どものことで気になっていること、悩んでいることがあれば話題に出します。それが話し合いのテーマへと発展することもあります。

（例2）は、保護者会で問題提起する場合のパターンです。まず、自分が見たことを具体的に説明します。そのうえで自分の意見を述べますが、反対意見や不満の声が出ても、自分の考えを押しつけることは避けます。クラスの親と先生に情報を伝えるだけでも、意義があることだと思いましょう。

（例2）

加藤和彦の父、加藤春彦と申します。今日は、クラスのみなさんと一緒に考えていただきたいことがあって、保護者会に出席いたしました。

和彦は最近塾に通いだしたのですが、先日、塾からの帰りに大雨が降り出したので、私が車で迎えに行きました。その塾の隣はコンビニなのですが、店内に中学生が大勢いてびっくりしてしまいました。

和彦に聞いたところ、塾の帰りにそのコンビニに寄って行く子どもがかなりいるようです。うちでは、塾が終わったらすぐに帰宅するように言ってありますが、しばらくコンビニで雑誌を立ち読みしたり、パンや飲み物を買って、コンビニの前で食べている子がいるらしいのです。

塾が終わるのはだいたい夜9時ごろで、それからコンビニで時間をつぶしたら帰宅は10時を過ぎてしまいます。中学生がそんな時間まで外にいることは、あまり好ましくないと思うのですがいかがでしょうか？

それぞれのご家庭によって、いろいろな考えがあるかと思いますが、子どもの安全を守ることは、親の務めではないでしょうか。最近、この近辺で高校生がカツアゲにあったということも耳にしました。何かが起きる前にぜひ注意していただきたいです。

また、このようなことに対して、学校でも指導していただくことはできないでしょうか。学校生活の時間外のことではありますが、トラブルが起きてしまってからでは手おくれです。ぜひ、何らかの対策をこの場で話し合いたいと思います。

ポイント

保護者会の時間は限られているので、発言はポイントをしぼって、要領よく話せるようにあらかじめ頭の中で整理しておきます。

自己紹介は全員が話すので、ほかの保護者のことも考慮して、一人で長々と話すのはやめましょう。とくに不安なことや言いたいことがなければ、「よろしくお願いします」だけでも十分です。

話し合いの場で、意見の対立から感情的にもつれてしまうこともときにはあります。そうならないように、反対意見を述べるときは、できるだけ穏やかな表現をするよう気をつけます。「○○さんのご指摘はもっともですが」など、まず相手の意見を尊重し、それから自分の意見を切り出すことが大切です。

アドバイス

「何でも気軽にお話しください」と言われたからといって、自分の子どもの自慢話を長々とされても、ほかの保護者は迷惑なだけです。個人的な話はどこまでしてもいいのか、よく考えてから発言しましょう。

また、ほかの保護者の話にもちゃんと耳を傾けることが大切です。自分の子どものことだけに精一杯で、ほかの方の発言には関心をもたない、という保護者がたまにいます。親しいお友だちと、お茶を飲みながら話すつもりで参加されては困ります。

明確に抱負を示す

役員になったときのあいさつ

役員としてのあいさつは、学年やクラスを越えて集まった保護者の前で話すためか、どうも構えてしまいがち。素直に、ありのままの自分を表現しましょう。

（例1）

みなさん、はじめまして。このたび広報委員になりました、2年1組の坂田美和子です。よろしくお願いいいたします。

実は、広報委員を引き受けると決まったときは、「どうしよう……」と不安な気持ちになりました。私は、本を読むのは好きですが、自分が広報誌などに文章を書くとなると、まったく自信がありません。こんな私に広報委員が務まるか不安ですが、決まった以上は覚悟を決めて、楽しみながら取り組んでいきたいと思います。

広報委員は原稿を書くだけが仕事ではなく、原稿の依頼、写真撮影、原稿の割り付けなど、いろいろとやることはあるようなので、そういう面でもがんばってみたいと思います。

初めてのことで、わからないことばかりです。みなさん、ご指導のほど、お願いいいたします。

構成

（例1）は、初めて広報委員になった母親が、1回目の役員会であいさつするときのパターンです。自己紹介とともに、役員に取り組んでいく不安と意気込みを披露しています。

（例2）は、新しい年度がスタートした時期の総会で、新PTA会長からの就任あいさつの例です。今後、どのように仕事を進めていきたいかという抱負が語られています。PTAの会員と新役員に協力をお願いするとともに、前任者へのねぎらいを入れましょう。

全体の流れを、**【導入】**（みなさんこんにちは。今年度のPTA会長に選出された○○と申します）**【抱負】**（○○という問いを、常に心の中にもち続けていていただきたいと願っています）**【結び】**（みなさまのお役に立ちたいと思っていますので、これからの1年間、

（例2）

みなさん、こんにちは。今年度のPTA会長に選出された富田泰子と申します。現在高校生の長女のときから数えて、PTA歴は今年で4年になりますが、このような大役は初めてなので、無事に務められるかと緊張しています。

昨年度までは、前任の大畑会長のご尽力で、本校のPTA活動は大変盛況でした。その功績を引き継ぎ、今後もますます活発なPTA活動が続けられるように、がんばりたいと思っています。みなさまのお力添えをお願いいたします。

ところで、この数年の子どもたちを取り巻く状況は、ますます厳しくなってきているように思えます。全国的にイジメや不登校、学級崩壊が深刻化していますし、犯罪の低年齢化など、親にとって気がかりなことはたくさんあります。

こういう時代だからこそ、学校と家庭はしっかり連携をとって、子どもの健全な育成に努めなければならないのではないでしょうか。そういう意味でも、PTA活動の役割は重要です。「子どもたちにとって、いま必要なものは何か。そして、そのために親ができることは何か」という問いを、常に心の中にもち続けていていただきたいと願っています。

微力ではありますが、学校と家庭の架け橋として、みなさんのお役に立ちたいと思っています。これからの1年間、どうぞよろしくお願いいたします。

よろしくお願いいたします）という形にするとわかりやすいでしょう。

ポイント　初めての役員会でのあいさつは、構えたり、飾ったりしないで、ありのままの自分を素直に表現しましょう。これからよろしくお願いします、という気持ちと、謙虚な態度が大切です。

PTAの役員に積極的に立候補する親が多い学校もありますが、なり手のない役員をなんとか引き受けてもらう、という場合も少なくありません。やむを得ず引き受けた場合でも、いったん受けたからには、前向きに取り組む態度を示したいものです。具体的にどんなことに取り組んでいきたいか、などを話すと意気込みが感じられます。

アドバイス　話し方のコツは、アピールしたい言葉を、ゆっくりとかみしめるように言うことです。さらっと言ってしまうと、印象に残りません。たとえば、〈こういう時代だからこそ、学校と家庭はしっかり連携をとって、子どもの健全な育成に努めなければならないのではないでしょうか〉というところは、強く訴えたいという気持ちで話します。また、〈「どうしよう……」と不安な気持ちになりました〉、というところは、不安な感じを出すといいでしょう。できればユーモアを織りまぜて、メリハリのある話し方を心がけましょう。

謝恩会でのあいさつ

感謝の気持ちを素直に表す

私学でも中学の卒業式を行う学校があり、卒業式が終わり、謝恩会もあります。ほっとしたところで開かれるものですから、かた苦しい雰囲気にならないように。

〈例1〉

本日は、校長先生をはじめ諸先生方には、お忙しいなか謝恩会にご出席いただきまして、ありがとうございます。

保護者のみなさん、お子さまのご卒業、おめでとうございます。わが子の立派な姿に、思わず涙をされた方もいらっしゃるのではないでしょうか。では、これより謝恩会を開会いたします。私は司会進行役の片平恭子と申します。よろしくお願いいたします。

テーブルには軽食と飲み物を用意しました。ご自由に召し上がりながら、中学生活の思い出などを振り返り、先生への感謝を表す会にできればと思っています。いままで、あまりお話しをする機会のなかった先生方やほかの保護者の方とも、ぜひこの機会にご歓談ください。

それでは、はじめに保護者会を代表して、学級委員からひと言ごあいさつがあります。では、尾崎さんお願いします。

構成

〈例1〉は謝恩会の開会のあいさつです。謝恩会は先生の労をねぎらうもの。卒業式の延長ではないことを忘れず、なごやかな雰囲気をつくるために、あいさつもリラックスして、できるだけ短かめにしましょう。〈学級委員からひと言ごあいさつ～〉のところは、同じ主催者側の保護者を紹介するので、「学級委員の方からごあいさつをいただきたいと存じます」などとは言いません。

〈例2〉は、謝恩会での最後のあいさつです。話が盛り上がっているなかで、タイミングを見て閉会の言葉を入れましょう。

あらためて先生への感謝を述べ、高校に進んでも子どもたちを見守ってやってほしい、など余韻を残して締めくくりましょう。

閉会後に会場の片づけなどがある場合は、

（例2）

会もだいぶ盛り上がっていますが、残念ながらそろそろお開きの時間になってしまいました。

中学生活の思い出を語りつくすには短い時間でしたが、校長先生や諸先生方を囲んで、楽しいお話に花が咲いたことと思います。

私も先生方から、学校行事やクラス内での楽しいエピソードをうかがいながら、中学生活の思い出というより、わが子の生まれてから今日までのことを思い返していました。

世の中では、子どもたちをめぐる不幸なニュースが多いなか、○○中学校では先生方が、勉強面のみに偏ることなく、生活面でも子どもたちに力を注いでくださったおかげで、楽しい思い出をたずさえて高校に進学することができます。これは、親にとって何よりの幸せです。

子どもの成長を見ていて、○○中学を選んで本当によかったと、いま実感しているところです。

これから引き続き高校に進み、さらに未来に羽ばたいていくとき、悩みや困難にぶつかることもあるかと思います。そんなときは、先生方のところに相談にうかがうかもしれません。その際には子どもたちを、いままでと変わらず、温かく迎えてやっていただければ幸いです。中学での3年間、本当にありがとうございました。

まだまだ話し足りない方もいらっしゃるでしょうが、感謝とともに、謝恩会を閉会させていただきます。

最後にさりげなく、「会場の片づけの都合もございますので、速やかにご退場願います」と伝えるといいでしょう。

ポイント 卒業式と謝恩会が別々の日に行われる場合もあります。いずれにしても、先生とお話しできるいい機会ですから、先生への感謝の気持ちを心置きなく言うことが大切です。閉会のあいさつは、会の終了を事務的に伝えることのないように、会場の雰囲気を読みながら、タイミングよく始めましょう。

アドバイス 会が盛り上がると、声高に1人でおしゃべりする人、ビュッフェ形式で、やたらと料理を取ってきて、あげくに大量に残した皿をテーブルに置きっぱなしにする人などがいて、収拾がつかないこともあります。開会のあいさつのとき、閉会時刻を告げたり、テーブルのものは自分で食べられる分だけを取るように、と言っておくといいでしょう。

スピーチには、参加者が共通して思い出せるエピソードを入れ、生き生きと情景が目に浮かぶように話せば、参加者の胸にも思い出がよみがえってきます。

バリエーション 卒業式と謝恩会が別の日の場合は、「先日は子どもたちのために、素晴らしい卒業式を執り行っていただきまして、ありがとうございました」。

COLUMN 7

私が感動したあいさつ

COLUMN

どんなテーマの話でも、感動が伝わる話し方がある

学級懇談会などクラス単位での集まりでは、発言する機会も多くなります。そんなとき、「あんなふうに話せたらいいのに」と思わせるスピーチをする父母もいます。「初めての保護者会で自己紹介をしたときです。受験勉強中の奮戦ぶりを、明るく話された方がいて、みなさんの共感を得ていました。私にも思い当たることがたくさんあって、思わずそうそう、とうなずきました」というのは、男子校中2の母親。実際はもっと大変なこともあったのでしょうが、それをダラダラと述べるのではなく、サラッと言ったのが好感をもたれた秘けつでは？　同じようなことを女子校中3の母親からも聞きました。「保護者会で自分の子どもの自慢話はタブー、というのは常識ですが、例外もありますね。自分が入院している間、子どもが家庭のこともきちんとこなしてくれた、いつの間にか成長していたのですね、という話は、聞くほうも感動して、クラス全体がしんみりしました」。

8章

簡潔で好印象の文書術

お礼状からメールまで、連絡に役立つ学校への「文例集」

文書は、電話では伝えにくい、
内容を伝える場合に有効です。
また、礼儀正しい印象を
与える方法としても効果的。
だからこそ、
基本的なマナーや
書き方を身につけましょう。

主な内容

- ◆塾や合格祝いへのお礼状はこう書く
- ◆先生への年賀状・暑中見舞いの書き方
- ◆メールやファックスはこう送る
- ◆学校へのお詫び状の一例

学校に文書や各届け出を出すときの

書き方の基本とマナー

学校生活を送るうえで、お礼状や、各種の届け出などを学校や先生に提出する場合があります。いざというときに困らない、文書の書き方を紹介しましょう。

お礼や手紙はできるだけ早めに

中学入試の結果が出るたびに、塾には、電話で報告をしますが、すべての結果が出そろい、進学する中学校が決定したら、小学校の担任の先生へ報告したり、塾へのお礼状を早めに用意しましょう。出すタイミングが遅れると、間の抜けたものになってしまいます。早ければ早いほど、感謝の気持ちが伝わります。「手紙はどうも苦手」という場合は、はがきにひと言お礼を書いて出しても構いません。

お礼状が遅れてしまった場合は、無理に出すよりも、ひとまず塾に報告を兼ねて行きましょう。そのとき、子どもも一緒に行けば、なおいいでしょう。

遅刻や欠席などの届け出は簡潔に

中学校生活を送るうえで、遅刻・欠席・早退などさまざまな届け出を出す場合があります。生徒手帳にその理由を記入し、保護者印を押す場合や、規定の用紙や連絡帳に記入して提出する場合などがあります。とくに定められたものがない場合は、必要な事項を簡潔に書いて提出しましょう。

たとえば、体調が悪いため学校を欠席する場合は、担任の先生あてに、日付、学年・クラス、欠席の理由、保護者の氏名を書き、押印した文書を作成して提出するだけで構いません。届け出は、無駄な表現を省いて、必要な事項を正確に伝えることが大切です。

手紙を書くときの構成

どのように手紙を書いていいかわからないときは、まずその構成から考えましょう。一般的に手紙は、①前文（「前略」などの頭語、時候、安否、お礼、お詫びのあいさつや季節感を取り入れたあいさつ）、②主文（「さて」「実は」などの起辞、用件）、③末文（結びのあいさつ、「敬具」などの結語）、④後付（日付、署名、宛名）、⑤副文（追伸）で構成されています。この基本フォーマットをしっかり押さえてから、自分なりの文章を作成すればいいのです。筆記具は、鉛筆ではなく、できれば黒か青のペンを使うようにしましょう。

【前文の例】

・前略（頭語）
・拝啓（頭語）
・お手紙にて申し上げます。
・はがきで失礼いたします。
・取り急ぎ申し上げます。
・前文お許しください。
・いつもお世話になりまして、ありがとうございます。
・常々何かとお世話になり、感謝いたしております。

【時候のあいさつ】

（春）立春の候／立春とは名ばかりの寒さが続いております／花のたよりも聞かれる今日このごろ
（夏）新緑の候／うっとうしい梅雨の季節／衣替えの季節となり
（秋）初秋の候／朝晩ようやくしのぎやすくなり／紅葉の美しい季節
（冬）初冬の候／いちだんと寒さ厳しい折／本格的な冬の到来となりました

【末文の例】

・まずは用件のみで失礼いたします。
・まずはご報告かたがた、お礼まで申し上げます。
・今後ともよろしくお願い申し上げます。
・何とぞ末永くご指導を賜りますよう、心からお願い申し上げます。
・恐れ入りますが、折り返しご返事のほどお願い申し上げます。
・ご返事いただければ幸いです。
・草々（結語）
・敬具（頭語が「拝啓」の場合の結語）
・かしこ
・ごめんくださいませ

中学受験で調査書が必要な場合

調査書依頼の手紙

併願校を含めて受験校が決まったとき、あるいは願書提出の際に、小学校の「調査書」や「公印」を依頼するときの手紙の書き方です。

前略

いつも加奈子がお世話になりまして、ありがとうございます。

さて、先日の保護者会終了後に、お話しさせていただきました中学受験のことですが、このたび○○中学校ほか４校を受験することになりました。

現在、願書提出の準備をしているところですが、○○中学校の場合は、願書提出の際に調査書が必要で、お手紙で大変失礼とは存じますが、同封の調査書にご記入いただき、娘にお渡しいただけないでしょうか。

お忙しいところお手数ですが、来週末くらいまでにいただけたら幸いです。放課後、またこちらからお電話いたしますので、よろしくお願い申し上げます。

草々

平成○年十二月一日

樋口　美和子

林　京子　先生

構成

「調査書の依頼」が目的なので、長々と書くことはひかえましょう。どこの中学校を受験するために「調査書」が必要なのか、また、いつまでに渡してほしいのかを、明確に伝えることが大切です。当然、ていねいな言葉づかいでお願いしましょう。

ポイント

学校の連絡帳がある場合でも、個人的な依頼になりますので、便せんと封筒を使うことで、担任の先生に丁重な印象をもっていただけます。最近では、パソコンなどで作成する場合もあるようですが、長い文章ではないので、できるだけ手書きで作成しましょう。

アドバイス

担任の先生に突然手紙を出すよりも、中学受験をすることが決まった時点で、保護者会のときや、連絡帳などを使って、ひと言その旨を伝えておくと、調査書の依頼や、入試のための欠席なども伝えやすくなります。

拝啓
常々、何かとお世話になりまして、感謝いたしております。
先日の文化祭では、先生のご指導のお陰で、たいへん素晴らしい舞台を拝見することができました。小学校生活最後のいい思い出になりました。
さて、お手紙では失礼かと存じますが、このたび洋平が中学受験をすることになりましたので、ご報告いたします。入試は、二月一日からです。
この時期には、入試や面接のためにお休みをいただくことになります。いろいろとご迷惑をおかけするかと存じますが、何とぞよろしくお願い申し上げます。
敬具
平成〇年十二月三日
澤田　美由紀
安西　義男　先生

構成

中学受験をすることを担任の先生に報告する手紙なので、かた苦しい文章にする必要はありません。最近の学校生活についてのエピソードを前文に入れると、親しみやすさが出ます。主文には、中学受験をすることと、入試日などを書いておくと、具体的に予定を伝えることができます。

ポイント

先生のなかには、中学受験に対してあまりいい印象をもたない先生もいます。そのような先生に手紙を出すときには、入試に向けて親子ともどもがんばっている様子などは書かず、中学受験をすることだけを伝えましょう。

エピソード

「担任の先生に中学受験の報告をきちんとしなかったところ、卒業式後の謝恩会で、少し酔った先生から『中学受験をするなら、私にもひと言あいさつくらいあってもよかったのに』と言われ、ショックでした」　（東京都北区　M・Y）

「併願校を含めた受験校が決まった時点で、小学校の担任の先生に手紙を出しました。たまたま先生も中学受験の経験者だったことと、クラスで息子だけが中学受験をしたので、何かと気にかけていただき、お守りをくださったり、応援のメッセージをいただいたりして、いいコミュニケーションがとれました」
（千葉県松戸市　J・S）

塾へのお礼状

受験結果の報告とお礼を伝える

何年間もお世話になった塾の先生に、受験結果の報告を兼ねて、感謝を込めたお礼状を出すときの書き方です。

拝啓　ようやく寒さもやわらぎ、春の気配が感じられるようになってきました。先生方は、新しい生徒さんを迎えられ、お忙しい毎日をお過ごしのことと存じます。

小学四年生から三年間お世話になりました美奈も、第1志望の○○中学に合格することができました。これも、先生方の熱心なご指導と、温かいアドバイスのお陰だと親子ともども感謝いたしております。受験勉強がはかどらなかったときも、先生からやさしい言葉をかけていただいたので、お蔭さまで乗り切ることができました。

四月からは、いよいよ中学生です。勉強はいちだんと難しくなりますが、充実した中学生活を送れるよう、努力していきたいと思います。

末筆ながら、貴塾の今後のご発展を心よりお祈りいたしております。

本当にありがとうございました。まずはご報告かたがたお礼まで。

敬具

構成　まず、受験結果を報告します。すでに電話での報告はすんでいますが、あらためて感謝の気持ちをここで伝えます。もし、親からのお礼状のほか、子どもからのメッセージや、合格発表時の記念写真などがあれば同封しましょう。先生にも喜ばれるはずです。

ポイント　たとえ、第1志望校に進学できなかったとしても、子どもに合った学校選びや、受験勉強の相談に乗っていただいたお礼、温かく励ましてくださった先生方への感謝の気持ちを伝えることが大切です。

アドバイス　受験結果の報告を兼ねたお礼状なので、進学する学校が決まったら早めに出しましょう。何日も過ぎてからでは、間が抜けてしまいます。郵送ではなく、親子で塾にお礼のお酒や菓子折を持って行くときに、お礼状を添える方法もいいでしょう。

感謝の気持ちを伝える

家庭教師へのお礼状

家庭教師センターあるいは家庭教師の先生あてに、受験結果の報告と受験勉強でお世話になったお礼の気持ちを伝えます。


前略　ご機嫌いかがですか。

洋介の受験勉強中は、いろいろとお世話になりまして、ありがとうございました。お陰様で、第1志望の○○中学に合格することができました。

最初のうちは、基本的なこともわからず、何から教えていただいていいのか迷うほどでしたが、ていねいなご指導によって、勉強もおもしろくなり、模試での偏差値もぐんぐん上がっていきました。先生の中学受験のお話も、洋介には大変参考になったようです。

四月から、あこがれの○○中学の制服を着られることを、洋介も私も楽しみにしています。一年間、本当にありがとうございました。

末筆ながら、先生のますますのご健勝とご活躍をお祈り申し上げます。

草々
追伸　失礼とは存じますが、お礼の品を同封させていただきました。わたくしたちの気持ちとして受け取っていただければ幸いです。

構成

家庭教師の先生は、若い方の場合が多いので、親しみやすい文章のほうがいいでしょう。受験結果の報告はもちろんですが、指導していただいていたときの思い出話や、家庭教師をお願いしてから、成績が上がったことなどを盛り込み、お礼の言葉を伝えましょう。

ポイント

数多い家庭教師のなかでも、「先生だったから良かった」、「教え方が良かったので、子どもの成績が上がった」という親子の思いが伝わると、相手もうれしくなります。また、勉強のほかにも参考になったことなども、書き添えておきましょう。

アドバイス

お礼状に、図書券や商品券などを同封する場合は、その旨も書いておきましょう。宅配便などで送る品物よりも、封筒に入れられて、好きなものを選べる商品券などのほうが「お礼のしるし」としても喜ばれているようです。

小学校の担任の先生に

合格の報告とお礼

ひととおり受験結果が出たら、小学校の担任の先生にあてて、結果報告と協力していただいたお礼の気持ちを伝えましょう。

《学校との連絡帳に書く場合》

いつも千絵がお世話になりまして、ありがとうございます。

先日は、私立中学の入試のためにお休みをいただき、ご迷惑をおかけいたしました。入試もすべて終わり、千絵は○○中学へ進学することになりましたので、ご報告いたします。

このたびの中学受験では、ご心配やご配慮を賜り、心から感謝いたしております。とくに、クラス内で孤立しそうになった千絵のために、ホームルームで「受験について」の話をしていただいたときは、本当にうれしく思いました。お蔭さまをもちまして、お友だちともうまくつき合うことができました。

卒業まで、残りわずかとなりましたが、今後ともご指導のほど、よろしくお願い申し上げます。

取り急ぎご報告かたがたお礼まで。

構成

学校との連絡帳で受験結果を報告する場合は、簡単に日ごろのお礼を述べたあと、進学が決定した学校名を伝えます。次に、先生への感謝の気持ちを表現します。そして最後に、卒業まで、あるいは卒業後もこれまでどおりのご指導を願う言葉で締めくくります。

ポイント

簡潔に用件を伝えることは大切ですが、連絡帳だからといって、事務的になり過ぎないように表現には気をつけましょう。逆に、1ページ以上の長文になるのも考えものです。ていねいに、短く用件をまとめるのがコツです。

アドバイス

先生によっては、連絡帳を使って簡潔に伝えたほうがいい場合と、きちんと手紙を書いたほうがいい場合のどちらかになります。先生の様子を見てから、判断しましょう。迷ったときは、便せん1枚に報告とお礼の言葉をまとめて、子どもから手渡しましょう。

《手紙に書く場合》

前略　取り急ぎ一筆申し上げます。

先生には、常々ご心配をおかけしておりますが、先日○○中学の合格発表があり、おかげさまで拓也は合格いたしました。○○中学は、第1志望校でしたので、合格した瞬間は、私も肩の荷が降りた思いでした。先生には、拓也を励ましていただいたり、合格祈願のお守りをいただいたりと、本当にいろいろありがとうございました。とくに、先生からの年賀状にありました「自分を信じてぶつかっていけ！」というお言葉は、不安な拓也の心を勇気づけてくれました。

小学校卒業まで残り少なくなり、お忙しい毎日をお過ごしのことと存じますが、今後ともよろしくお願い申し上げます。

最後になりましたが、先生のますますのご活躍をお祈りいたしております。まずはご報告かたがたお礼まで。

草々

構成　最初に、入試が終わり、志望校に合格したことを報告します。そして、先生に協力していただいた出来事や、応援してくださった言葉などをまじえて、感謝の気持ちを伝えます。最後は、先生へのねぎらいの言葉で締めます。

ポイント　お礼状は、できるだけ形式的なものにならないように、子どもや親の感謝の気持ちを、素直に表現することが大切です。卒業式間近で先生も忙しい時期です。いくら合格してうれしいからといって、便せん何枚にもわたるような長い手紙はひかえ、要領よくまとめましょう。

アドバイス　担任の先生とは、日ごろからコミュニケーションをとっておきましょう。中学受験をすることが決まってからでも、折に触れて子どもの近況を連絡帳に書いたり、保護者会の終了後などに少し話をしておけば、中学受験を理解していただくいい機会にもなります。

エピソード　「中学受験のことを担任の先生に伝えるまでは、それほどお話をすることはありませんでしたが、連絡帳やお手紙で入試の経過報告などをするうちに、先生からもお手紙をいただくことがありました。次第に距離感もなくなり、先生の人間性にも触れ、いい思い出がたくさんできました」

（東京都練馬区　M・N）

子どもの様子も盛り込んだ

合格祝いのお礼状

《(母の)伯母にあてたお礼状》

前略　すっかりご無沙汰いたしておりますが、みなさまお変わりございませんでしょうか。

さて、このたびは麻里恵の合格祝いをお送りいただき、ありがとうございました。さっそく箱の中を開けたところ、素敵な花柄の万年筆とボールペン、おそろいの定期入れが入っていて、麻里恵も思わず「かわいい！」と叫んでいました。いただいたボールペンで、麻里恵がお手紙を書きましたので同封します。あとで読んでくださいね。

四月から通う○○中学は、電車で1時間くらいかかります。今度の新入生登校日に生徒手帳をいただけるので、さっそく通学定期を購入して使わせていただきます。いつもながらのお心づかいに、心から感謝いたします。

伯父様にも、よろしくお伝えくださいませ。

まずは、取り急ぎお礼のみ失礼いたします。

かしこ

親戚や友人などから、合格祝いをいただいたら、喜んでいる子どもの様子などを盛り込んで、お礼状を出しましょう。

構成

合格祝いの品をいただいたときのお礼状は、ただ単に「ありがとうございました」というだけではなく、「子どもがこんなふうに喜びました」「こんなふうに使わせていただいています」という具体的な様子を入れると、さらに感謝の気持ちが相手に伝わります。

ポイント

礼儀正しい言葉づかいだけでは、堅いイメージになるので、ふだん電話で話しているような、親しみやすい言葉も入れましょう。両親あてのお礼状なら、もっとくだけた文章でもかまいません。身内へのお礼は、電話だけですませがちですが、お礼状を出すことは礼儀です。

アドバイス

合格祝いの品を送った側は、本人が気に入ってくれたかどうか、とても気にかけています。たとえば、洋服をいただいたら、子どもが着ている写真を同封するなど、ちょっとした心づかいが相手を喜ばせます。

《(母の)友人へのお礼状》

前略　皆さんお元気ですか？

　先日は、隆弘のために合格祝いをいただき、ありがとうございました。

　「○○中学に入学したら、絶対野球部に入る！」と決めていたので、バットを見たときには、とび上がって喜んでいました。達彦君が選んでくれたのですね。中学に入学して、勉強と部活動との両立をうまくやっていけるかどうか心配ですが、「達彦君みたいに、甲子園へ出場したい」と目標にしているようです。これからも、相談に乗っていただくこともあるかと思います。そのときは、よろしくお願いします。

　達彦君も、来年はいよいよ大学受験ですね。いろいろと大変だと思いますが、お身体にくれぐれも気をつけてがんばってください。

　今後とも、変わらぬおつき合いのほど、よろしくお願い申し上げます。

　まずは、ひとことお礼まで。

かしこ

構成
　長くおつき合いしている友人へのお礼状なら、形式的になる必要はありません。しかし、「親しき仲にも礼儀あり」ですから、最初にきちんとお礼の言葉を述べ、子どもの近況などを書きましょう。また、相手にも子どもがいる場合は、様子をうかがうことも忘れずに。最後に、「みなさまによろしく」などの言葉を添えるのもいいでしょう。

ポイント
　親しい友人なら、シンプルな便せんを使わなくても、柄入りのものや、かわいいデザインのレターセットでも構いません。ただし、メール交換をしているからといって、「お礼もメールで」というのはあまりに簡略化し過ぎです。短くてもお礼状を出しましょう。

アドバイス
　ひんぱんに電話をしている友人なら、合格祝いが届いた日にお礼の電話を入れ、改めて手紙かはがきでお礼状を出すのもいいでしょう。

エピソード
　「以前、友人の息子さんの合格祝いを送ったら、とてもていねいなお礼状をいただきました。日ごろ親しくおつき合いしている仲でも、こうした〝礼儀正しさ〟は気持ちのいいことだと思いました。娘が合格したときには、桜の花びらの便せんを使って、お礼状を出しました」
（東京都三鷹市　N・W）

私立中学に入学してすぐに伝えておきたい

担任の先生あての手紙

入学前に、担任の先生にあらかじめ知っておいてほしい家庭環境のことや、子どもの持病などについて伝える手紙です。

拝啓

これからお世話になります寺崎静の伯母でございます。先生に静の家庭事情のことで、説明させていただきたくお手紙を差し上げました。

静の母は、先月下旬ごろから急に体調を崩し、現在自宅近くの病院に入院しております。長期入院になる可能性もあるため、わたくしたちが静をしばらくあずかることになりました。

つきましては、仕事で忙しい静の父親に代わりまして、私が保護者として学校行事などに参加する予定にしております。何かございましたら、別紙の住所、電話番号にご連絡いただきたく、お願い申し上げます。

本来ならば、私が学校にうかがい、先生にごあいさつしなければならないところですが、私も仕事をもっており、うかがうことができません。

このような事情をご理解いただき、何とぞよろしくお願いいたします。

敬具

構成

中学に入学したばかりの時期なので、前文には子どもも本人の氏名と本人との続柄を書いておきます。手紙の趣旨は、要点を短くまとめて、先生にお願いしたい点を明確にすることが大切です。そのためには、遠回しな表現は避け、端的な表現を使いましょう。

ポイント

単なるあいさつ状ではないので、早急に伝えるべき内容、あるいは電話では話しづらいことを伝える手紙なので、時候のあいさつなどは省略して、すぐに用件に入っても構いません。手紙には詳しいことを書かず、概略だけ説明しておきます。そして、保護者会などで直接担任の先生と会う機会に、改めて詳しく説明しましょう。

アドバイス

先生とまだコミュニケーションが十分とれていない時期なので、一方的に長々と説明する手紙にならないように注意しましょう。

拝啓
いよいよ中学校生活が始まり、娘の有紀も私も期待で胸をふくらませております。１年間、よろしくお願いいたします。
さて、入学前に調査書にも記入しましたが、有紀は小児喘息の持病があり、ときどき発作を起こすことがあります。とくに、風邪ぎみのときや激しい運動のあとが多く、そのほか動物や鳥などに接触したときに症状が出ます。万が一のときに備えて、常備薬は持たせておりますが、授業中に具合が悪くなりましたら、保健室で休ませていただければと思います。最近は、ずいぶん症状も軽くなりましたが、念のためにお知らせしておきます。
何かとご面倒やお手数をおかけいたしますが、よろしくお願い申し上げます。

敬具

梶井雅子

前田美恵先生

構成　学校生活を送るうえで、健康上の問題がある場合は、早めに先生に知らせておく必要があります。多くは、入学前に報告書などに記入したり、面接でも伝える内容ですが、ここではあらためて手紙を書く場合です。学校で具合が悪くなった場合、どのように対処してほしいのか、つけ加えておきましょう。

ポイント　病気については、大げさに書き過ぎると、先生に要らぬ心配をかけることになるので、事実をきちんと伝えるようにしましょう。ただし、発作やけいれんなどの恐れがある場合は、万が一のために、かかりつけの病院の連絡先メモを渡しておくと安心です。

アドバイス　通院や諸事情のために、遅刻や早退を定期的にすることが事前にわかっている場合も、担任の先生に伝えておくと、子どもが先生に言いやすくなり、先生に迷惑をかけなくてすみます。

エピソード　「子どもが学校で〝小児ぜんそく〟の発作を起こしたときに、担任の先生が適切な処置をしてくださったお陰で、大事にはいたりませんでした。先生は、入学後すぐに渡した病気に関する手紙を読んで、小児ぜんそくについての勉強をされていたようでした。先生には、とても感謝しています」（東京都世田谷区　S・H）

印象を悪くしないための

保護者会欠席の手紙

仕事や家庭の事情で保護者会に出席できない場合、率直にその理由を書いて渡しておくと、悪い印象をもたれません。

いつも娘の奈緒がお世話になっております。

さて、25日の保護者会の件ですが、急に仕事が入ってしまい、出席できなくなりました。先日の保護者会出欠用紙には、「出席する」として提出しましたのに、申し訳ございません。先生やほかの保護者の方とお会いしていろいろなお話を聞けることを楽しみにしていたので残念です。

つきましては、保護者会の議題にありました役員決めの件ですが、仕事の都合上平日ひんぱんに学校に出向くような役員は難しいかと思われますが、週末を使ってできるような仕事がありましたら、ぜひお役に立ちたいと思っています。役員決めの件は、先生と保護者の方にお任せいたしますので、もし、私が何かの役員になるようなことがございましたら、ご一報いただくか、娘にメモなどを渡しておいていただくと助かります。

こちらの都合ばかり申しまして、申し訳ございません。今後ともご指導のほど、よろしくお願い申し上げます。

構成

まずは保護者会に出席できないことと、その理由を伝えます。保護者会の議題があらかじめ決まっている場合は、その件についても書いておきましょう。また、保護者会では、家庭での子どもの様子について発表し合うことが多いので、子どもの近況を最後に書いておくのもいいでしょう。

ポイント

「保護者会に出席できない」ということを伝えるだけではなく、「出席できなくて残念」という気持ちも盛り込みましょう。「学校に対して無関心ではない」という思いを、理解してもらうことが大切です。

アドバイス

出席できないことがわかった時点で、まず電話などで事情を伝えたうえで、手紙を出せばいいでしょう。保護者会に毎回欠席していると、学校に関心がないと思われがちです。先生とコミュニケーションをとるよう心がけましょう。

前略
いつも息子の亮平がお世話になりまして、ありがとうございます。先日の体育祭では、運動が苦手な亮平も、楽しそうにみなさんと競技している姿を見て安心いたしました。先生のご指導の賜と感謝しています。

さて、今月の20日に保護者会があるとのお知らせを受け取りました。誠に申し訳ございませんが、家庭の都合で出席できません。実は、先週末に義母が倒れ、現在検査入院中です。多分3カ月から半年くらいは入院することになりそうです。

このような状況ですので、次回の保護者会を含め、しばらくは学校行事に参加できそうにもありません。週末なら主人が都合がつきますので、学校にうかがうことは可能です。

いろいろとご迷惑をおかけいたしますが、よろしくお願いいたします。

草々

構成

最初に子どもがお世話になっていることに対して感謝の言葉を述べ、学校行事の感想などを書きます。そして、本題の保護者会欠席の理由を伝えます。家庭の事情で行けない場合は、概要だけでも説明しておきましょう。さらに、配付資料などがある場合は、子どもに渡していただくようにお願いすることも必要です。

ポイント

家庭の事情で出席できない旨を伝えるとき、余計なことを書くのはタブーです。たとえば「本当に忙しくて疲れてしまいます」などという表現をすると、印象を悪くします。事実だけを簡潔に伝えるようにしましょう。

アドバイス

家庭の事情や、病気などが欠席の理由で、知られたくないような内容なら、「家庭の事情でどうしても出席できません」「義母が病気のため、家を空けられません」など、簡単に書いておくだけでも構いません。

エピソード

「保護者会に出席できず、申し訳ないと思い、先生に手紙を出しました。その日、子どもが保護者会の資料を持って帰ったのですが、そのなかに先生からの手紙があり、〝ごていねいにありがとうございました。ご意見はみなさんの前で発表させていただきました〟と書かれてありました」

（千葉県千葉市　F・N）

用件を簡潔に書いて伝える

各届け出の書き方

遅刻、早退、欠席などの各届け出の書き方です。一般的には、学校の連絡帳や生徒手帳、あるいは学校所定の用紙に書き込みます。

遅刻・早退・忌引届（連絡帳の場合）

4月18日　昨夜から体調が悪く、39度の熱がありました。今朝は平熱に戻ったのですが、念のために病院で診てもらってから登校しますので、2時間目くらいに登校します。よろしくお願いします。

5月30日　明朝、病院へ定期検査に行きます。時間がかかると思いますが、4時間目には登校する予定です。申し訳ございませんが、よろしくご配慮のほど、お願いいたします。

6月20日　親戚の結婚式に出席いたしますので、3時間目から早退させてください。勝手ながら、よろしくお願いいたします。

9月3日　歯列矯正のため歯医者へ行きますので、6時間目から早退させてください。いつもご迷惑をおかけします。

6月14日　祖母が、昨夜亡くなりましたので、6月14日、15日の両日、忌引きさせていただきたく、お願い申し上げます。

構成　「遅刻」なら、何時ごろあるいは何時間目から登校できるのか、「早退」なら何時間目からなのかを明確に伝えます。理由は、簡潔にしかも、先生が納得できるように書きましょう。連絡帳なら、3行から5行くらいを目安にします。生徒手帳の場合は、スペースがないので、日ごろの感謝のことばや、「よろしくお願い申し上げます」などは省略しても差しつかえありません。

バリエーション　「心電図再検査のため、病院で診察後、登校したします。10時半ごろになると思いますので、よろしくお願いします」「入院中の父親の手術が行われますので、2時間目が終了しましたら、早退させてください」。

形式　事前に提出する場合は「早退願」、事後に提出する場合は「早退届」という表現になります。できれば事前に提出しましょう。

《連絡帳（当日友人をとおして提出の場合）》

欠席届

9月12日　昨夜、下痢とおう吐をくり返し、39度の熱がありました。今朝、熱は37度まで下がりましたが、病院へ行ってそのまま休ませたいと思います。

《手紙（後日提出の場合）》

欠席届

11月14日、持病の小児ぜんそくの発作を起こし、夜間救急にて治療を受けました。翌朝は少し落ち着きましたが、まだ体調が回復していませんでしたので、お休みいたしました。よろしくお願いいたします。

11月16日

1年1組21番　植村美砂

母　植村静香　㊞

構成　学校の連絡帳を子どもの友人に託したりする場合は、欠席の理由をわかりやすく書いておきます。また、後日、連絡帳や手紙で「欠席届」を出す場合は、当日の朝に欠席の電話を学校に入れているので、経過を知らせたり、「診断書」が必要であればそれを添付して提出します。連絡帳も手紙も、保護者印が必要です。

ポイント　手紙の場合は、学年・クラス、出席番号、生徒氏名、保護者氏名、日付を書いておきましょう。生徒手帳や連絡帳の場合は、用件のみで構いません。

バリエーション　「父方の祖母が亡くなりましたので、これから岩手へまいります。そのため本日より3日間ほど欠席させていただきます」「昨日診察を受けましたら、インフルエンザでした。熱が下がり、医師の許可がおりしだい、登校させますので、よろしくお願いいたします」（見学願）「本日の体育の授業ですが、生理中のため水泳は見学させていただきたく、お願いいたします」（その他の届け出）「風邪をひいて、37度の微熱があります。本日は学習発表会なので登校しましたが、もしも途中で具合が悪くなりましたら、大変お手数をおかけしますが、自宅か携帯電話にご連絡いただけますでしょうか。すぐに迎えに行きます」。

中学の先生に日ごろの感謝を込めた

年賀状と暑中見舞い

電話一本で用件がすんでしまう時代だけに、手書きの年賀状や暑中見舞いなどが保護者や生徒から届くと、先生もうれしいものです。

新年明けまして、おめでとうございます。
昨年中は、亜美が大変お世話になり、ありがとうございました。
中学に入学して、「学校が楽しい」と毎日言っています。とくに合唱コンクールでピアノを担当し、先生にほめられたのがとてもうれしかったようです。校内で準優勝という輝かしい賞もいただき、クラスメートとの絆もさらに深まった様子です。お友だちと一緒に勉強したり、遊んだり、吹奏楽部の練習もがんばっています。小学生のころは、とても消極的だったのに、いまは見違えるようです。先生のご指導のお陰と、感謝しています。
今年もよろしくお願いいたします。

二〇〇×年元旦

津島　亜美
母　津島　聡美

構成

年始のごあいさつのあと、入学してからいままでの思い出や、先生にお世話になった具体的なエピソードなどを入れて、感謝の気持ちを表します。また、冬休みにスキーに行ったり、実家に遊びに行く予定など、楽しい話題があれば盛り込みましょう。

バリエーション

「初春のお慶びを申し上げます　昨年中は大輔がいろいろとお世話になりました。2学期になって、イジメにあったときには、先生に助言していただいたり、ご指導を賜りありがとうございました。いまでは、すっかり明るくなりました。冬休みには、九州の実家に遊びに行って思い出をたくさんつくってきます。これからも、よろしくお願いいたします」。

アドバイス

先生だからといって、かた苦しくなる必要はありません。写真やイラスト入りの、オリジナリティあふれる年賀状のほうがいいでしょう。

暑中お見舞い申し上げます。

いつも昭彦がお世話になり、ありがとうございます。

毎日暑い日が続いておりますが、お元気でいらっしゃいますか。

昭彦はサッカー部の合宿や練習で汗をかき、ユニホームをどろんこにして帰って来ています。もうすぐ試合があるので、かなり気合いが入っている様子です。宿題は夏休みの前半にだいたい終わらせているようで、自己管理が少しはできるようになったと喜んでいます。お盆休みには、北海道へ家族旅行を計画しています。去年は受験でどこにも遊びに行けなかったのでいまから楽しみです。

まだまだ猛暑が続きそうですが、夏バテなどなさらないように気をつけてください。二学期にお会いできる日を親子ともども楽しみにしております。

今後とも、よろしくご指導のほど、お願い申し上げます。

構成

暑中見舞いは、長い夏休みの最中に送るため、休み中の近況報告がメインになります。また、家族旅行やイベントなどの予定があれば書き添えておきましょう。

バリエーション

「残暑お見舞い申し上げます。いつも娘の玲奈が大変お世話になっております。夏休み中は、学校の補習授業に参加し、お蔭さまで苦手だった数学も少しおもしろくなってきたようです。さて、9月からはいよいよ進路相談が始まりますが、まだ本人の意志が固まっておらず、いろいろとご相談に乗っていただくことになるかと思います。今後ともよろしくお願いいたします」。

アドバイス

年賀状や暑中見舞いは、はがきでも封書でも構いません。家族旅行先で買った絵はがきでもいいでしょう。

エピソード

「3学期が始まってすぐに、教室の掲示板に生徒から届いた年賀状を先生が貼っていたそうです。それらを見ると、パソコンで作成したものや、版画、イラストなどを盛り込んだものまでバラエティに富んでおり、〝もう少し凝った年賀状を送ればよかった〟と子どもが言っていました。結構、みなさん送っているんですね」

（東京都港区　K・K）

簡単に送れるからこそ気をつけたい

メールを学校に送りたいとき

最近では、欠席などの届け出もEメールを活用している学校があります。メールでもマナーをきちんと守って、有効に利用しましょう。

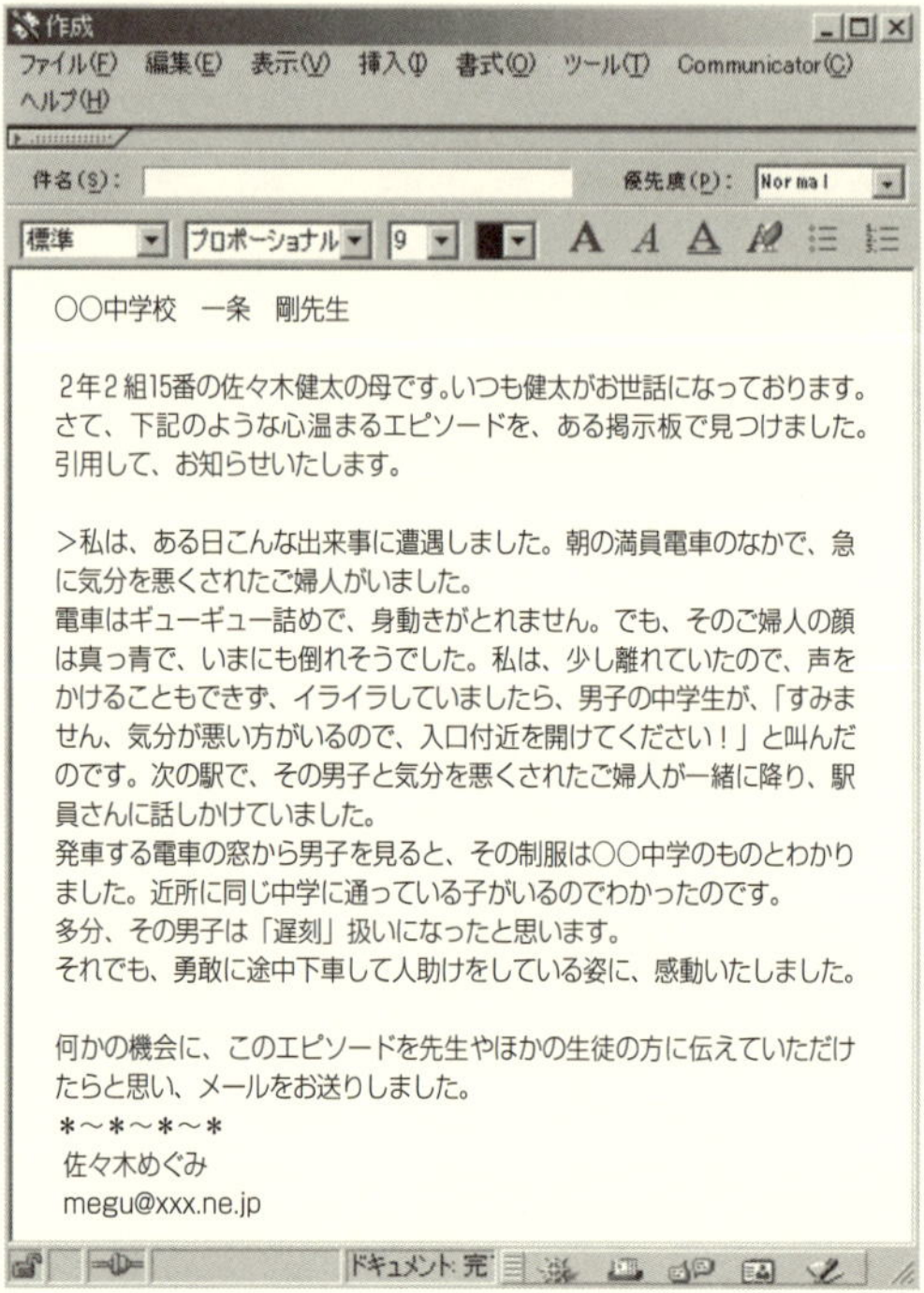

○○中学校　一条　剛先生

2年2組15番の佐々木健太の母です。いつも健太がお世話になっております。

さて、下記のような心温まるエピソードを、ある掲示板で見つけました。

引用して、お知らせいたします。

>私は、ある日こんな出来事に遭遇しました。朝の満員電車のなかで、急に気分を悪くされたご婦人がいました。
電車はギューギュー詰めで、身動きがとれません。でも、そのご婦人の顔は真っ青で、いまにも倒れそうでした。私は、少し離れていたので、声をかけることもできず、イライラしていましたら、男子の中学生が、「すみません、気分が悪い方がいるので、入口付近を開けてください！」と叫んだのです。次の駅で、その男子と気分を悪くされたご婦人が一緒に降り、駅員さんに話しかけていました。

発車する電車の窓から男子を見ると、その制服は○○中学のものとわかりました。近所に同じ中学に通っている子がいるのでわかったのです。

多分、その男子は「遅刻」扱いになったと思います。

それでも、勇敢に途中下車して人助けをしている姿に、感動いたしました。


何かの機会に、このエピソードを先生やほかの生徒の方に伝えていただけたらと思い、メールをお送りしました。
＊～＊～＊～＊
佐々木めぐみ
megu@xxx.ne.jp

構成　Eメールアドレスだけでは、差出人がわからないので、最初に氏名を入れておきます。また、氏名、メールアドレス、自宅の電話番号などを入れた「署名ファイル」をあらかじめ作成しておき、最後に入れると便利です。

ポイント　メールは「読みやすさ」が、いちばん大切です。切りのいいところで改行し、だらだらと文章を続けないように注意してください。長文になる場合は、区切りのよい箇所で1行空けるなどの工夫が必要です。また、「①」などの特殊記号は、文字化けする場合があるので、なるべく使わないようにしましょう。

アドバイス　「(^_^)m(_ _)m」などの記号をメールに入れるのはタブーです。あくまでも、ていねいな言葉を使いましょう。また、メールの文章ができあがったら、読み返し、誤字などをチェックして宛先を確認してから、送信しましょう。

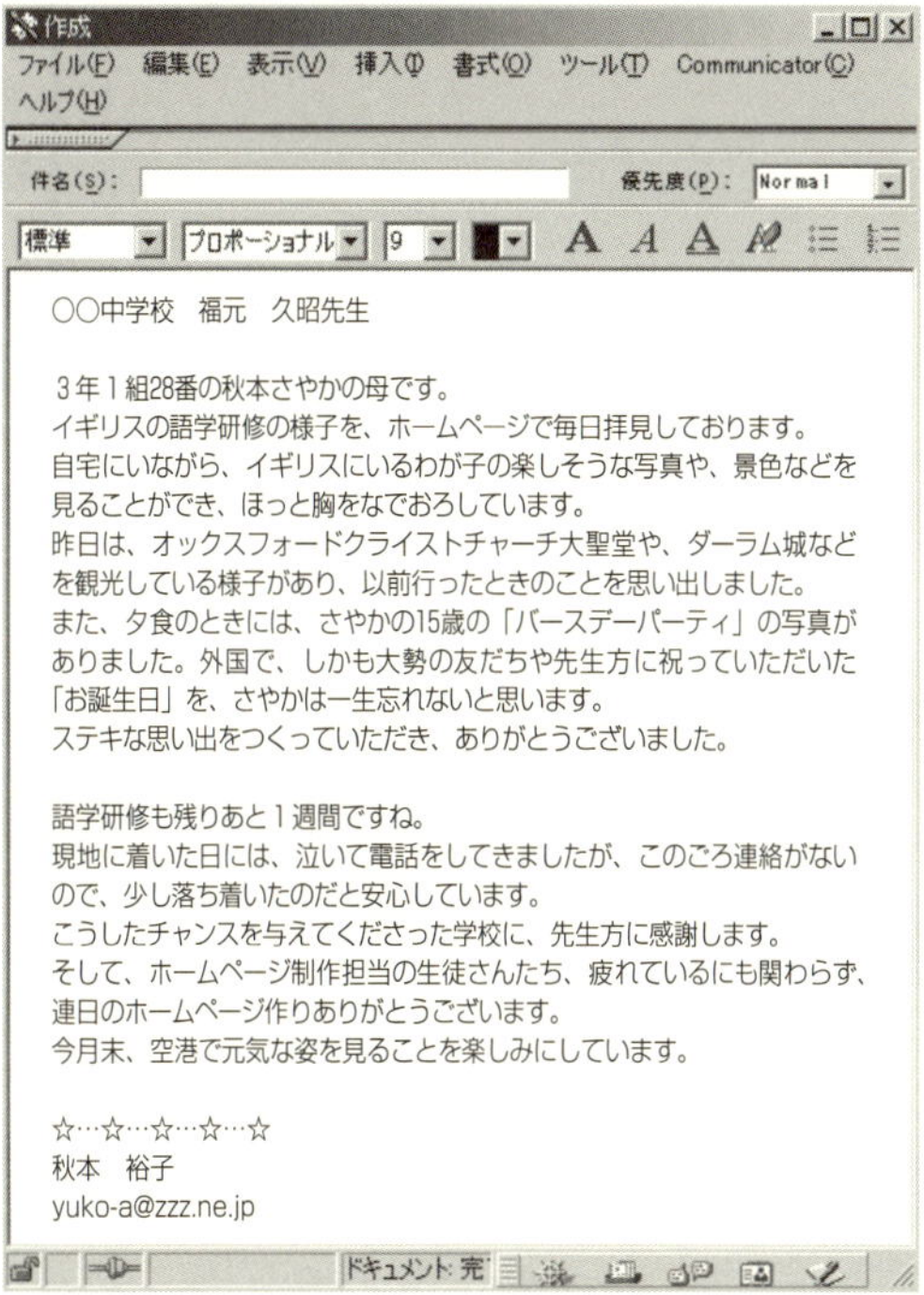

○○中学校　福元　久昭先生

３年１組28番の秋本さやかの母です。

イギリスの語学研修の様子を、ホームページで毎日拝見しております。

自宅にいながら、イギリスにいるわが子の楽しそうな写真や、景色などを見ることができ、ほっと胸をなでおろしています。

昨日は、オックスフォードクライストチャーチ大聖堂や、ダーラム城などを観光している様子があり、以前行ったときのことを思い出しました。

また、夕食のときには、さやかの15歳の「バースデーパーティ」の写真がありました。外国で、しかも大勢の友だちや先生方に祝っていただいた「お誕生日」を、さやかは一生忘れないと思います。

ステキな思い出をつくっていただき、ありがとうございました。


語学研修も残りあと１週間ですね。

現地に着いた日には、泣いて電話をしてきましたが、このごろ連絡がないので、少し落ち着いたのだと安心しています。

こうしたチャンスを与えてくださった学校に、先生方に感謝します。

そして、ホームページ制作担当の生徒さんたち、疲れているにも関わらず、連日のホームページ作りありがとうございます。

今月末、空港で元気な姿を見ることを楽しみにしています。

☆…☆…☆…☆…☆
秋本　裕子
yuko-a@zzz.ne.jp

構成　学校のホームページなどを見ての感想を送るときには、いちばん印象に残ったことを中心にして書きましょう。もちろん批判めいた内容は入れないで、「こんなふうにしたら、もっと楽しいのではないでしょうか」という意見や提案にとどめておきます。また、最後にホームページ制作担当者にねぎらいや感謝の言葉を入れておくことも忘れないようにしましょう。

ポイント　内容ごとにブロック分けすると、読みやすくなります。メールでは、ブロックの最初の１文字を下げる必要はありません。

マナー　メールは、添付データを含めて１MB以内になるように気をつけましょう。また、一度に何人かの人に送る場合は、「CC」ではなく「BCC」の欄に入れます。そうすると、ほかに送った人のアドレスが表示されません。

エピソード　「学校のホームページは、ほとんど毎日更新されているので、夜それを見るのを楽しみにしています。先日、文化祭で撮影したデジタルカメラの映像をメールで送ったら、〝○年○組○○さんのお母さんの作品です〟と紹介されていました。会話や手紙とはまた違ったコミュニケーションが、メールでは楽しめます」
（神奈川県横浜市　T・K）

地図や書類のコピーが必要だから

ファクスを学校に送りたいとき

急いで地図や保険証のコピーなどを学校に送らなければならない場合があります。自分なりのＦＡＸ送信状があれば、便利です。

FAX送信状

○○中学校
1年2組担任　吉田先生

1年2組19番
村野慎也
母　村野杏子

本票を含め2枚
お送りします。

保険証コピーの件

いつも慎也がお世話になっております。
さっそくですが、先程お電話をいただきました保険証のコピーをファックスにてお送りいたします。
体育の時間にケガをしたとの知らせを受け、驚きましたが、大ケガではないとうかがい、ほっとしました。念のため、先生が病院に付き添っていただけるとのことで、誠にありがとうございます。いまから出ても2時間かかってしまいますので、ご厚意に甘えさせていただきます。
いろいろとお手数をおかけいたしますが、よろしくお願い申し上げます。

構成　たとえば、「ＦＡＸ送信状」というタイトルをつけ、送信先、発信元、送信枚数、件名を体裁よくまとめたフォーマットを作るのはいかがでしょうか。ひと目で内容がわかり、要件も伝わりやすくなります。ファックスの場合は、時候のあいさつなどは省きます。

ポイント　「送信枚数」は必ず明記しておきましょう。１／２、２／２など、ページ数を入れておくと、さらに確認しやすくなります。

注意　ファックスの上部に日付や発信者番号などが印字されますので、上部は２㎝以上は空けておきましょう。また、用紙の両端ぎりぎりに書くと、切れた状態で送信されますので、ある程度余白をもたせます。

アドバイス　送信エラーなどが起こる場合もあります。送信後、できれば電話で確認するようにしましょう。

送付状の書き方

写真などを送るときにひとこと

先生やお友だちに写真などを送るときの「送付状」の書き方です。特別なルールはありませんが、ひと言コメントを添えましょう。

片山先生
いつも息子の川村秀典がお世話になっております。
先日の運動会では、先生の仮装を拝見することができ、大変楽しませていただきました。
ドラキュラの衣装があまりにもお似合いでしたので、思わずシャッターを押してしまいました。
よろしかったら、記念にご笑納ください。
今後とも、よろしくお願いいたします。

優香さんへ
こんにちは。いつも朋美と仲良くしてくださって、ありがとうございます。
先日行われた文化祭のミュージカルは、とても素晴らしかったです。最後にみんなでステージにあがり、大合唱になったときには、思わず感動して涙が出ました。そのミュージカルをビデオ撮影していましたので、ダビングしたテープを送ります。よかったら、当日いらっしゃれなかったご父様と一緒に見てください。
これからもよろしくお願いします。

構成 写真やビデオテープを相手に送るときには、撮影したときの思い出や、エピソードなどをひと言添えて、楽しい雰囲気を出しましょう。先生に対しても、少々くだけた表現を使っても構いません。

ポイント 写真に添えるものなので、長々と書かず、印象に残る文でまとめるのがコツです。一筆書き用の小さな便せんを利用すると書きやすく、また体裁を気にしないですみます。

注意 写真を同封するときには、送り先の人が変に写っている写真や、身体の一部が切れているものなどは避けましょう。

アドバイス イベントが終わって余韻が残っているうちに、早めに送りましょう。また、カードを台紙にして、写真をハートに切って貼ったり、デジタルカメラ映像を編集すると、さらに楽しめます。

ひとまず書面にて謝罪する

先生へのお詫び状

学校の器材などを破損してしまったり、友だちにケガをさせてしまったときには、電話より手紙のほうがていねいなお詫びになります。


拝啓　いつも和輝がお世話になっております。

さて、先日、教室で友だちとふざけ合っていたときに、教室の花びんを割ってしまったことを聞きました。そのときに、先生から「わざと壊したわけではないし、また週末買って来るよ」と言われたそうで、和輝からその話を聞いて叱りました。花びんは、先生が個人的に購入されたもので、華道部に入っている女子が、練習で使った花を活け、みなさんの目を楽しませてくれていたのに、不注意とはいえ、誠に申し訳ありませんでした。

昨日和輝と一緒にデパートへ行き、同じものを探しましたが、見つけられませんでした。つきましては、代わりの花びんを和輝に持たせましたので、どうかお使いください。

いろいろご迷惑をおかけしたことを深くお詫びいたします。

今後とも、よろしくご指導のほど、お願い申し上げます。

敬具

構成　お詫びの気持ちを伝えたい場合は、仮に学校指定の連絡帳などがあっても、手紙を書いて封書にして、子どもに持たせましょう。時間が経過しているなら、知らなかったことと、お詫びが遅くなったことも謝ります。学校の器材を壊した場合は、とにもかくにも弁償をしたい旨を手紙で伝えることです。

ポイント　学校の器材を破損した場合は、まず弁償を申し出ましょう。手紙では、「弁償いたしますので、金額を教えてください」などとは書かず、後日学校にうかがって、弁償の話をするのが礼儀です。もし、「弁償の必要はありません」という話になったとしても、金額を調べて弁償したり、ほかの物でお詫びをするなどの方法を考えましょう。

アドバイス　同じ経験をした生徒の保護者に、どのように対処したのか、参考までに聞くのもいいでしょう。

取り急ぎ申し上げます。

このたびは、娘の志保が、絵理さんの数学の教科書にコーヒー牛乳をこぼしてしまい、誠に申し訳ございませんでした。放課後、みんなで試験勉強をしているときに、たまたま買ったばかりのコーヒー牛乳のコップが倒れ、絵理さんの教科書にかかってしまったようです。もっと注意深く行動していれば、そんなことにはならずにすんだと、志保も反省しております。

つきましては、担任の先生にご相談し、新しい教科書を手配していただいております。来週には、絵理さんにお渡しできるとのことです。教科書代は私どもが弁償させていただきます。

絵理さんには、いつも仲良くしていただき、いいお友だちができたとわたくしたちも喜んでおります。今後とも、変わらぬおつき合いをしていただけたら幸いです。

まずは、書中にてお詫び申し上げます。

構成　時候のあいさつなどは省略し、まずお詫びする内容を書きます。過失によるものならば、子どもにそのときの様子を聞き、言い訳にならない程度に、伝えておくのもいいでしょう。親しい友だちなら、まず電話で謝り、弁償や代替などの対処法を手紙に書いて渡しましょう。

ポイント　今回の出来事で、子どもも親も気まずくならないように、最善を尽くしましょう。ケガをさせた場合は、後日親子で訪問し、お詫びすることです。また、治療費も支払いましょう。誠実に対応すれば、理解してくれるはずです。

バリエーション　「このたびは、息子の直也が、お嬢様にケガをさせてしまい、お詫びのしようもございません。友だちとふざけ合っていたときに、教室のガラスが割れ、破片が飛び散ってお嬢様の腕にケガを負わせたとのことを、担任の村田先生からうかがいました。その話を聞いたときは、驚きとショックで言葉も出ませんでした。親としての責任を痛切に感じております。息子には深く反省させ、二度とこのようなことを繰り返さないように、きつく言い聞かせました。1日も早いご回復を、心からお祈りいたしております。後日、息子とおうかがいして、改めて謝罪いたします。まずは取り急ぎ、書面にてお詫び申し上げます」。

諸事情で長期間学校を休む場合の

「休学願」の書き方

病気療養や海外留学などで、長期的に学校を休む場合は、「休学願」、または「長期欠席願」を出す必要があります。

休学願

2年3組　小林　裕子

右の者病気療養のため、平成○年○月○日から平成○年○月○日まで、二カ月間休学させたく存じますので、お許しいただきたく、別紙診断書を添えてお願い申し上げます。

平成○年○月○日

右保護者　小林　徹㊞

○○中学校　校長

神田　武　殿

構成

学校所定の届出用紙があれば、それに休学の理由と休学期間を記入して提出します。病気療養のために長期休学する場合は、医師の診断書を必ず添えます。そして、最後に保護者の署名と捺印をし、校長先生あてに提出するのが、基本的な形式です。

ポイント

所定の形式や届出用紙がない場合は、便せんに上記のような内容を書き、同様に診断書を添えて提出します。その場合、横書き用の便せんを縦書きにして使用すると、バランスがとれて体裁よくおさまります。「復学願」も同様に書きましょう。復学の際にも、「診断書」の添付が必要になる場合があります。

バリエーション

「復学願　2年3組小林裕子　平成○年○月○日から復学させていただきたく存じますので、お許しいただきたく、別紙診断書を添えて、お願い申し上げます」。

長期欠席願

いつも佳恵がお世話になり、ありがとうございます。
先日、お電話でお話ししましたように、佳恵が塾の帰り道に、車にはねられるという事故にあいました。一時は意識がなく、生きた心地がしないほど心配いたしましたが、市内の中央病院で検査を受けましたところ、右足を骨折しているだけで、脳には異常がありませんでした。不幸中の幸いだと思っています。
つきましては、全治三カ月と医師から診断されましたので、11月末まで欠席をさせていただきます。診断書も同封いたしました。先生方にはご心配をおかけいたしますが、よろしくお願いいたします。
まずは、ご報告かたがた、お願い申し上げます。

若林　郁子

構成　突然の事故で、長期入院しなければならないときは、事故の詳細と医師の診断書、全治何カ月か、本人の様子などを書いて、「長期欠席願」あるいは「休学願」を提出します。

ポイント　学校所定の用紙に記入して提出した場合でも、担任の先生あてに手紙で詳細を伝えておくと、休学中でも先生とコミュニケーションがとりやすくなります。ケガや病気の経過を、電話や手紙で先生に伝えるようにしましょう。

アドバイス　足の骨折などで入院する場合は、病院で勉強をすることも可能なので、仲の良い友だちに、あらかじめノートのコピーをお願いしてもいいでしょう。その際、保護者から友人あてに、前もってお願いの手紙を出しておくことも必要です。しかし、まずケガや病気の回復が優先です。十分療養してから考えましょう。

エピソード　「娘がケガのため、3週間ほど長期欠席をしました。ときどき〝近況報告〟のはがきや手紙を学校に送ったら、お友だちからの寄せ書きと授業中のノートのコピーが送られてきました。ふだんは感じなかった〝人の温かさ〟を手紙を通じて感じることができました。それらは、いまでも大切に持っています」。

（埼玉県岩槻市　M・S）

COLUMN 8

学校から親へお願い。こんなことはやめて！

COLUMN

こんなことも守れない？保護者のマナー違反

ここ数年のことですが、さまざまな行事などでの、保護者のマナーの悪さが職員室で話題になっているそうです。次のようなことはやめてほしいとの、学校からのお願いです。

●**保護者会や授業参観のときに隣の人と関係ない話をする。** 携帯電話の着信音もマナーモードにしてください。

●**文化祭のとき、〝車で来ないで〟とお願いしているのに乗りつける。** なかには救急車両用スペースに車を停めてしまう保護者もいます。やむを得ず車で来る場合は、学校近くの駐車場にとめてください。

●**卒業式などに遅刻してきて、堂々と会場に入ってくる。** 5～10分前には着席できるように、余裕をもって出かけましょう。

●**学校で子どもが何かされたら、直接相手の家に抗議に行く。** 学校での出来事はまず担任の先生と連絡をとりましょう。

●**うわさ話や悪口を言う。** 無責任な発言は、人間関係を悪くするのでつつしみましょう。

9章

失礼のない電話のかけ方

感じのいい話し方を実践！電話での問い合わせと連絡方法

電話での連絡や報告は、
顔が見えないだけに、
話し方一つで印象が
変わります。
学校、先生、保護者と
うまくつき合うためにも、
電話のかけ方には
気を配りましょう。

主な内容

◆遅刻や欠席などの連絡はどうするの？
◆子どもの下校時刻の問い合わせは？
◆事件や事故があったときの報告はどうするの？

電話のかけ方とマナー

かけられる側の立場や状況を考えて

電話での連絡は便利な反面、かける側からは相手の状況がわからなく、先方にとって迷惑になる場合もあります。きちんとマナーを守って電話連絡をしましょう。

学校に電話をかける時間帯

電話をかける側にとっては都合が良くても、相手は忙しい時間帯かもしれません。たとえば学校に欠席の連絡をする場合、始業時刻の30分くらい前までにはかけましょう。ホームルームが始まる前では、職員会議が開かれている場合があります。欠席の短い連絡なら構いませんが、相談を要するような用件は、この時間帯をはずすのがマナーです。もちろん、緊急の場合は別です。こみ入った話は、放課後にあらためて電話しましょう。

用件はあらかじめメモをとって

電話をかけて先生が出たときには、「いま、お話ししていてもよろしいですか?」と尋ねましょう。もし、都合が悪ければ、「何時ごろならよろしいでしょうか?」とか、「それでは放課後にあらためます」など、と、先生の都合を聞きましょう。

先生に相談ごとをもちかけたり、事件や事故などを報告するときには、あらかじめ話す内容を箇条書きにするなどして、要領よく伝えることが大切です。電話では、簡単に概要を話し、相談日時を決めるだけにとどめます。もし、先生から「いまお聞きしましょうか?」と言われたら、用件を話しましょう。

保護者の自宅に電話をかけるとき

何かの連絡で保護者の自宅に電話をかけるときには、夕食時や入浴の時間帯はできるだけ避けましょう。また、夜10時過ぎの電話もタブーです。

たとえば、子どもが家に遊びに行って、お世話になった場合のお礼の電話なら、長々と話さず「先ほどは子どもがお邪魔いたしました。昼食までごちそうになり、ありがとうございました。また、機会がありましたら、うちにも遊びに来てくださいね。今後とも、よろしくお願いします」という主旨を伝えましょう。

また、親しい保護者と話す場合でも、先方の都合を考えて、長電話はひかえましょう。さらに、それぞれの家庭の細かい事情を聞いたり、話したりするのはやめましょう。「親しき仲にも礼儀あり」なのです。

学校の連絡網を回すときには

連絡網の電話を入れるときは、「○○中学校○年○組の連絡網です。メモの用意はよろしいでしょうか?」と言ってから、用件を話します。行事の日時などは、間違えずに伝えましょう。また、留守であれば次の保護者に回し、のちほどかけ直します。小さな子どもやお年寄りが電話に出た場合は、保護者がいる時間に再度電話をかけるようにしましょう。

連絡網を受け取ったときは、きちんとメモをとり、必ず復唱して内容を確認してから、次の保護者に回します。次の保護者がとても親しい人でも、長々と世間話をするのはひかえましょう。一般的には、夜に連絡網を回す場合が多いので、その日のうちに最後の保護者まで回らないということになっては大変です。

役員を務めていて、連絡網を作成する場合は、保護者会などで、帰宅時間が遅い方や留守がちな保護者をあらかじめ聞き、連絡網の最後にしておくなどの工夫が必要です。また、ファックス番号、携帯番号、メールアドレスなどがあれば、それも連絡網に入れておくと、いろいろな方法で連絡網を回すことができます。

欠席の連絡

理由を明確に伝える

急に体調が悪くなって、登校できない状態のときや、冠婚葬祭などの事情で欠席する場合は、早めに担任の先生に連絡しましょう。

例1

おはようございます、2年A組の佐伯翔一の母です。いつもお世話になっております。今朝、熱が39度ありまして、腹痛もあるようなので、今日はお休みいたします。お手数ですが、担任の山本先生にお伝えください。

例2

1年3組の篠崎千春の母です。昨日、千春が自転車で外出したときに、バイクとぶつかり、左腕を骨折してしまいました。病院からは、今日一日は安静にしておくように言われましたので、お休みさせていただきます。明日から登校しますが、しばらく体育の授業には参加できないと思いますので、よろしくお願いいたします。

例3

3年1組の奥山雅彦の母です。先ほど駅員さんから連絡があり、電車の中で気分が悪くなったようです。いまから私が迎えに行くところですが、本日はお休みさせていただきたいと思います。よろしくお願いします。

構成

朝の学校にはたくさんの電話連絡が入ります。話は短めに、用件だけを伝えます。欠席の場合は、熱が何度あるのかなど、いまの症状などを伝えます。また、しばらく休まなければならない病気やケガの場合は、いつまで休むのかを知らせておき、登校できるようになったら、また電話連絡をしましょう。

ポイント

電話では相手が聞き取りにくい場合がありますので、話すときは、学年・クラス、名前をはっきりと言います。名前はフルネームで伝えましょう。風邪などで欠席の場合は、担任の先生への伝言で構いませんが、事故など特別な場合は、担任の先生に直接話しましょう。

アドバイス

法定伝染病の場合は、「欠席」扱いになりません。その場合、病院の「診断書」が必要な場合と、口頭で伝えるだけでよい場合とがありますので、学校に確認してみましょう。

遅刻の連絡

登校予定時刻を忘れずに

病院の診察を受けてから登校したり、寝坊をしたときなど、始業時刻に間に合わないときは、学校に知らせることが必要です。

例1

1年2組の芦田誠治の母です。先ほど、子どもから連絡がありまして、人身事故で総武線がとまっているとのことです。まだ駅で足どめされているようですので、少し遅れると思います。よろしくお願いします。

例2

2年D組の佐藤菜々実の母です。実は、昨日バレーボール部の練習中にネンザをしてしまいました。夕方病院で治療をしてもらい、今朝は痛みも軽くなったようなのですが、駅の階段がちょっと辛いようなので、これから車で送って行きます。今日はちょっと道が混んでいて、30分ほど遅れそうです。申し訳ありませんが、よろしくお願いします。

例3

3年3組の谷崎俊作の母です。今朝、歯が痛くて我慢できないと申しますので、歯医者へ寄ってから登校します。2時間目には登校できると思います。お手数ですが、担任の杉田先生にそうお伝えいただけますでしょうか。

構成

遅刻の連絡を入れる場合は、その理由と何時間目あるいは何時ごろなら登校できるのかを、明確に伝えることが大切です。電車が遅れた場合は、駅で「遅延証明書」を発行してもらい、学校に提出することを心がけましょう。学校によっては、「遅延証明書」がなくても構わない場合がありますので、あらかじめ学校に確認しておきましょう。

注意

本人が寝坊して遅刻する場合は、本人から学校に連絡させましょう。ホームルームの時間を過ぎても登校しないときには、担任の先生から自宅に連絡する学校もあります。先生から連絡がある前に、電話を入れるのが礼儀です。

バリエーション

「2年1組の本田努の母です。今朝、具合が悪く、少し休んでいましたが、いま出かけて行ったところです。20分ほど遅れると思いますが、よろしくお願いします」。

子どもの帰宅が遅いときには

下校の確認

夜7時、8時になっても子どもが学校から帰宅しないときに、まずは学校に残っていないか、問い合わせてみましょう。

例1

3年1組の吉田春奈の母です。娘がまだ学校から帰らないのですが、本日は補習などがあったのでしょうか？（学校から「先ほど帰宅した」との返事）そうですか。お忙しいところ申し訳ありませんでした。ありがとうございます。

例2

2年3組の川本陽司の母です。息子がまだ帰宅しないので、ご連絡いたしました。学校に居残っていますでしょうか？（学校から「全員下校した」との返事）そうですか。いつも遅くなるときには連絡をくれるのですが、今日はないので心配しています。では、お友だちなどに連絡してみます。突然申し訳ございませんでした。

例3

1年C組の浜野久美の母です。ちょっとおうかがいいたしますが、まだ娘は学校におりますでしょうか？　いつもの時間に戻ってこないので、ご連絡いたしました。（学校から「補習中」との返事）そうですか、お忙しいところありがとうございました。

構成

補習や学校行事などの準備で、学校に残っている場合がありますので、心配なときには学校に問い合わせてみましょう。学校によっては、遅くまで残る場合に、「届け出」を出させるところもあります。それにより、学校にいるかいないかが明確になります。

ポイント

午後6時半くらいならば、友だちと駅などでしゃべっていたりする場合があります。あわてて学校に電話する前に、もう少し様子をみましょう。ただし、9時、10時になっても帰ってこない場合は友だちに電話をしたり、担任の先生宅に連絡したりすることも必要です。

エピソード

「中1のころ、美術の作品づくりで学校に居残っていたことがあり、かなり心配したので、それ以降わが家では、〝7時を過ぎて帰宅するときは、必ず自宅に連絡を入れること〟というルールをつくりました」（東京都江戸川区　N・W）

被害が大きくならないために

事件・事故の連絡

暴力やカツアゲなどの被害にあった場合は、できるだけ早く学校に連絡しましょう。ほかの生徒にも影響を及ぼす場合があります。

例1

2年D組の浅沼貴文の母です。実は、昨日下校途中で近くの××中学の生徒から暴力を受けたようです。子どもの話によると、3人組の男子に「○○中学の生徒か、気に入らないな」と言われ、いきなり殴られたらしいです。たまたま近くの男性が助けてくれたので、大事にはいたりませんでしたが、ご報告しておいたほうがいいかと思い、連絡いたしました。できれば、ほかの生徒にも、注意を呼びかけていただきたいと思います。

例2

3年2組の岩佐由美の母です。お知らせしたいことがありまして、連絡いたしました。実は、○○駅から学校までの通学路にあるお店で、改修工事をしておりまして、昨日そのそばを由美が通っておりましたら、木材が急にくずれ落ち、腕にけがをしてしまいました。もし木材の下敷きになっていたらと思うと恐ろしくなります。学校側からも、お店の方か工事責任者にご注意いただけないでしょうか？　ほかの生徒さんが同じようなことになってはと心配です。よろしくお願いいたします。

構成

最初に、「ほかの中学校の生徒に暴力を受けまして」「下校時に事故にあいまして」など、何を伝えたいのかを言ってから、詳しいことを話しましょう。そして、その事件や事故に対して、学校にどのようにしてほしいのかも、はっきりと伝えましょう。

ポイント

事件や事故にあった直後にだと、興奮して要領を得ない話になってしまいます。気持ちが落ち着いてから、話す内容をメモなどにまとめ、整理してから伝えましょう。また、どんな大きな事件や事故でも、いきなり校長先生に伝えたりしないで、必ず担任の先生をとおすようにしてください。

アドバイス

電話では詳細を話せないような複雑な話ならば、事件や事故の概略だけを担任の先生に伝え、あらためて相談時間をとってもらい、学校にうかがい詳しいことを話しましょう。

不審者の連絡

ほかの生徒の危険も考えて

例1

1年A組の塚田真里の母です。不審者の件でお電話しました。実は、昨日○○公園のそばを友だちと一緒に歩いておりましたら、40代くらいの男性から「おじさんの家でお茶でも飲まない?」と声をかけられ、車に連れ込まれそうになったそうです。そのときは友だちが一緒だったので助かりましたが、一人で歩いていたらどうなっていたかと思うと、不安で仕方ありません。警察には通報しましたが、ほかの生徒さんにも、学校やご家庭で注意を呼びかけていただけたらと思います。

例2

3年3組の寺本美恵の母です。個人的なことでお話ししたいことがありまして、お電話しました。実は、最近美恵につきまとっている男がおりまして、脅迫電話がかかってきたり、家の前でウロウロしていたりします。もちろん警察にも相談しましたが、もし、学校に現れたときには、警察に通報していただくなり、自宅にご連絡いただきたいと思います。お手数ですが、よろしくお願いいたします。

学校近くの通学路や公園で、不審な人物から声をかけられたりしたときには、安全を確保する意味でも、すぐに学校に連絡を。

構成

学校近くで不審者を見かけたり、声をかけられたときには、すぐに学校に連絡しましょう。そのときの不審者の様子や、事件のあらましを話し、ほかの生徒にも被害が及ばないように、注意を呼びかけてほしい旨を伝えます。

ポイント

不審者とは…強引に誘う、無意味にうろついている、毎日その場所で泥酔しているなど。

たとえば、「家庭でも指導しますが、いざというときにはどのように対処したらよいか、学校でもご指導をお願いします」とお願いするのも一つの方法です。

アドバイス

「ストーカー」の場合は、個人的な事情ですが、学校にも迷惑をかけることがあるかもしれないので、現在、被害を受けている場合は知らせておきましょう。また、「とくに女子は、〝防犯ベル〟の所持を許可していただけますか?」という提案をしてもいいでしょう。

授業中、子どもに伝言する
緊急の連絡

家族が急病になったり、学校の帰りに直接寄ってほしい場所がある場合などは、担任の先生をとおして子どもに伝えてもらいます。

例1

3年D組の山中健斗の母です。突然ですが、父親が交通事故にあい、○○病院に入院しました。授業中とは存じますが、健斗に至急病院へ来るように伝えていただけないでしょうか。病院の電話番号は、○○○○—○○○○で、最寄り駅は○○線の○○駅です。そういう事情ですので、本日は早退させていただきます。お手数ですが、よろしくお願いします。また、経過はあらためてご連絡いたします。

例2

1年3組の原田瞳の母です。瞳に伝言していただきたいことがあり、ご連絡いたしました。いま、横浜駅にいるのですが、大きな事故があり、けが人なども出ているようです。私は無事ですが、しばらく電車が動きそうにありません。かなり遅い時間にならないと帰宅できないと思いますので、父親が帰って来るまで、隣の新岡さんのお宅で待っているように伝えていただけないでしょうか。個人的なことで大変申し訳ありませんが、よろしくお願いいたします。

構成

家族の事故や病気、災害など、緊急時の場合は、担任の先生から子どもに伝えてもらいます。学校から病院へ直接来るように伝える場合は、病院の電話番号と最寄り駅を必ず伝えます。緊急時ならば、「申し訳ありませんが、電車の乗り換えの方法を子どもに教えていただければ助かります」と、お願いしてもかまわないでしょう。

ポイント

学校からも連絡がとれるように、携帯番号は念のため先生にも伝えておきます。しかし、病院では携帯電話は使用禁止になりますので、その旨も伝えておきましょう。

エピソード

「〝授業が終わりしだい、私の携帯電話に連絡するように〟と先生に伝言したのですが、別の生徒に伝わったようです。正確に伝えるためには、繰り返し子どもの名を言うほうがいいかもしれませんね」（埼玉県さいたま市　M・K）

COLUMN 9

先生に連絡をしたいときに気をつけること

COLUMN

朝の忙しい時間帯は避けて、あらためてかけ直す

ある私立中学校の先生に聞くと、朝の会議中に、父兄からの電話で中座させられることは珍しくないそうです。今日1日の動きについて、大切な打ち合わせをしているときの電話は、先生にとって迷惑でしょう。

では、先生に連絡するのに最適な時間帯はいつでしょうか。基本的には放課後ということになりますが、クラブ活動もあるので、すぐに連絡がとれるとは限りません。その場合は、電話に出た方にそれとなく先生の都合を聞いて、あらためてその時間にかけ直すことです。折り返し電話をいただくのは、すれ違いのこともあり、できたら避けたいものです。

先生のご自宅への電話は、緊急以外は避けるようにしましょう。どうしても連絡する必要があるときも、必ず用件を整理してから、できるだけ手短かにすませます。

最近ではメールを使う保護者も増えています。先生がアドレスを教えてくださっているのなら、メールのほうがいい場合も。

10章

短時間で濃密な面談ノウハウ

大切な内容だから、きちんとした準備を！「個人面談・相談のしかた」

進路相談などの学習面だけではなく、子ども同士や家庭間のトラブルやイジメの問題など、学校の先生に相談したい事態が起きたとき、スムーズに相談するための方法を考えましょう。

主な内容

- ◆先生とのアポイントのとり方はどうするの？
- ◆面談や相談のマナーを教えてください！
- ◆面談のための事前準備はこうしよう！

先生と面談するときの

アポイントのとり方と準備

先生と面談したいときは、まず日時のアポイントをとります。面談の日時が決まったら、スムーズに話せるように、相談内容を整理するなどの準備が必要です。

「連絡帳」でアポイントをとる

学校によっては、担任の先生に欠席や遅刻、体育の見学などを伝えるために使う指定の「連絡帳」があります。個人的に面談を申し込むときに、この連絡帳を使ってもいいでしょう。

書き方のポイントは、伝えたいことを簡潔にまとめることです。「いつも娘がお世話になっています」というようなあいさつは省いて、「進路のことで先生にご相談したいことがあります。ご都合のいい日時をご連絡いただけないでしょうか」などと書きます。

決まった連絡帳がない場合は、封書にして子どもに持って行かせます。連絡帳の場合、子どもが内容を読んでしまうケースもあるので、子どもに知られたくない相談内容の場合は、封書にしたほうがいいでしょう。

電話で面談を申し込む

連絡帳や手紙には書きにくい場合や、早急に先生と相談したいことが起きたら、電話をかけて学校に出向く日時をうかがいます。電話をかけるときは、「いまお話しても大丈夫ですか?」と必ずたずねてから、「○○の母です。いつもお世話になっております。実は○○のことでご相談したいことがあります。先生のご都合の良い日に学校にうかがいたいと思いますが、いかがでしょうか」と続けます。

学校に電話を入れるときは、先生の手があいている時間帯を見計らってかけます。朝の始業前の時間帯や授業時間中は迷惑なので避けましょう。昼休みも何かと用事があるので、遠慮したほうがいいでしょう。先生に迷惑をかけず、連絡をつけやすい時間帯は放課後ということになりますが、先生の都合によっては出られないこともあるので、その場合はあらためてこちらから電話をかけるのがマナーです。

面談内容のメモをつくる

面談しているうちに感情が先走ってしまうと、何を言いたかったのかがわからない、という状況になることがあります。言いたいことをきちんと伝えるためには、面談に行く前に、次のことに留意して、あらかじめ相談したいことをメモしておきましょう。メモをつくることで気持ちも整理されていきます。

●相談したいことは何か?

これがいちばん重要なポイントです。いろいろ心配なことはあると思いますが、今日はこの点について相談しよう、とテーマを決めてから臨みましょう。

●どんな状況なのか?

話しているうちに前後関係がごちゃごちゃにならないように、5W1H（いつ、誰が、どこで、何を、なぜ、どのように）を意識して、相談内容を箇条書きにしておきましょう。

●自分の意見はどうか?

自分はそのことについてどう思っているのか、どうしたいのかをはっきりさせましょう。たとえば迷っているときでも、何をどう迷っているのか、なぜ迷っているのか、などを明確にします。

●先生に聞きたいことは何か?

先生への質問もあらかじめ箇条書きにしておくと、あとであれも聞きたかったのに、ということがなくなります。

面談に臨む前に

面談には、場合によって父母の2名で、または子どもも同席したほうがいい場合があります。面談時の同席者については、あらかじめ先生と確認しておくといいでしょう。

切羽詰まっていると、せっかくの先生のアドバイスも、耳に入らないことがあります。自分の言いたいことを伝えたあとは、先生の意見に耳を傾けましょう。そのときメモをとっておくと、あとでもう一度確認できますので、メモの用意は忘れずに。

あとで後悔しないように

面談を受けるときに気をつけること

面談を受けるときは、服装や話し方のマナーを守り、言いたいことや聞きたいことを整理しておきましょう。イジメの相談などは感情的にならないように注意を。

面談時の服装のマナー

先生と面と向かって話すのですから、きちんとした服装に心がけることは言うまでもありません。きちんとした服装というのは、決して〝高価なブランドもの〟という意味ではありません。自分らしいファッションで、相手に不快感を与えないもの、という意味です。当然、髪型も清潔に整えておきましょう。

話し方のポイント

本題に入る前に、必ず「いつも子どもがお世話になっています」と、感謝の言葉を述べることを忘れないようにしてください。言葉づかいはていねいに、落ち着いた口調で話すことが大切です。早口でまくしたてたり、逆にボソボソと口の中にこもったような言い方では、先生に話したいことがきちんと伝わりません。

先生に対して、特別に気取った話し方をする必要はありませんが、きちんと敬語を使って話すことは当然です。1対1の気やすさから、つい親し気な口調になってしまうこともあるので、注意しましょう。

話す内容に優先順位を

中高の6年間で、先生と個人的に話すことができる機会はそれほど多くはありません。面談は、親にとって家庭では見られない子どもの一面を知るいい機会です。クラスの懇談会などでは聞けないような、個人的な話題を中心に話しましょう。ただの無駄話に終わらせてしまうのは、もったいないことです。

そのためには、事前に言いたいことや聞きたいことをメモしておいて、そのメモを見ながら話すといいでしょう。ただし、ほとんどの面談は、だいたいの一人の持ち時間が決められています。メモに書いたすべての内容を話していたら、所定の時間をオーバーしてしまうこともあります。最も聞きたいこと、これだけは言っておきたいことなど、面談の内容に優先順位をつけておく工夫は必要です。

家庭訪問のときは

家庭訪問の目的は、担任の先生が子どもの家庭環境を知ることです。よく見せようと見栄をはらず、ありのままの状況を見てもらいましょう。

子どもの了解が得られたら、子ども部屋や大切にしているものなどを見せると、家庭での子どもの姿がより鮮明に伝わるでしょう。

個人面談でのポイント

イジメなどの相談をする場合は、親もつい感情的になりがちです。できるだけ冷静に話すように心がけましょう。

もし、感情的になって先生に失礼な態度をとってしまったら、面談のあとでお詫びします。これからも子どもがお世話になるのですから、先生との関係は良い状態に保っておくことが大切です。

進路相談などでは、あらかじめ将来の進路について親子で話し合っておきましょう。両者の意見が食い違っているときは、親と子のそれぞれの意見を整理して伝えて、先生のアドバイスを受けます。その場合、親の教育方針を長々と説明するのは不要です。進路について必要なことだけ話しましょう。

個人面談

担任の先生に相談する

個人面談では、子どもの家庭での状況を担任の先生に伝え、学校での様子を聞きます。子どものことで気になることは、率直にたずねてアドバイスをもらいます。

（例1）

山岡紀子の母です。よろしくお願いします。

さっそくですが、今日は紀子の交友関係についてお聞きしたいと思い、まいりました。

先生もご存じのように、紀子は合唱部でがんばっています。明るい子とほめていただくことも多いのですが、最近学校から帰ってくると、ひと言も口をきかずに、自分の部屋に閉じこもってしまいます。私も、顔を合わせたときは、学校のことなど話題にするのですが、紀子はまったく答えてくれません。先日は、電話で長くお友だちと話したあと、泣いているようだったので声をかけたのですが、「なんでもないから」と言って部屋に入ってしまいました。

交友関係で悩んでいるのではないかと心配なのですが、学校では何か変わったことはないでしょうか？

構成

定期的に行われる個人面談のパターンです。（例1）では、外では明るい子というイメージなのに、家に帰ると部屋に閉じこもってしまう娘を心配して、学校での交友関係を先生に聞いています。友だちと長電話をしたあと泣いていたなど、家庭で起きた出来事を具体的に話すと、先生にも状況がよく伝わります。（例2）は、両親が忙しくて、子どもにストレスをかけているのではないか、と心配している父親の例です。中学生ともなると、家で口をきかなくなることは珍しくはありませんが、子どもとコミュニケーションがうまくとれていないので気になる、と担任の先生に訴えています。母親の様子も一緒に話すことで、状況がわかりやすくなります。学校での様子や、友人関係で気づいたことはないかを率直

（例2）

いつもお世話になっております。柴崎孝の父です。今日はよろしくお願いいたします。

孝が小学生のころは、私もよく遊びに連れて行ったり、私が塾の迎えなども引き受けたりしていたので、親子のコミュニケーションがとれていたと思います。最近、私の仕事が忙しく、帰宅が深夜になることも珍しくない状態が続いて、なかなか孝とも顔を合わせることができなくなっていました。

休日も、私が起きるころには、孝は友だちと出かけてしまっていて、たまに話しかけても、そっけない返事が返ってくるだけです。母親に対してもそういう態度をとっているらしく、親子ゲンカになることもしばしばということです。

私自身、孝と同じ年代のころには家ではあまりしゃべらなかったので、ある程度は理解しているつもりです。ただ、母親も実家の両親が具合が悪く、家をあけることが多いので、それが孝にとってストレスになっていないかと心配です。ああ見えて、孝はとても気をつかう子で、両親が多忙なのが不満でも、口に出さないのだと思うのです。

孝の学校での様子はいかがでしょうか。何かお気づきのことはないでしょうか。仲良くしている友だちについても、教えていただけるとありがたいのですが。

また、この年代の男の子と、どうつき合っていけばいいかなど、先生のお立場からアドバイスをいただければ幸いです。

に聞いて、家庭での子どもの接し方についてアドバイスを受けます。

ポイント 家での生活態度、特別な家庭の事情、子どもの性格などは、きちんと伝えておきましょう。話しにくいこともあると思いますが、情報が少ないと先生もアドバイスに困ります。「クラブ活動は熱心にやっている」「休日は友だちと出かけることが多い」など、具体的に細かく伝えることです。先生もクラブでの人間関係や仲良くしている友人に、本人のふだんの行動を聞きやすくなります。「誰と、どこで、何をしているのか」がわかれば、実態を把握するための鍵になります。

アドバイス 面談では、順番を待つほかの保護者もいます。時間をオーバーすると、先生にもほかの保護者にも迷惑をかけてしまいます。相談したいことはテーマを絞り、それに関する家庭での状況を整理しておくといいでしょう。子どもからの伝聞と、自分の意見はきちんと分けて伝えるようにします。

バリエーション 「娘は私とはほとんど口をききません。母親とは学校のことも話しているようですが、クラブでの人間関係がうまくいっていない、とこぼしているそうです。この年代の子どもと父親は、どのように接すればいいのでしょうか」。

感情的にならず冷静に

イジメの相談

もし、わが子がイジメにあっていることがわかったら、速やかに担任の先生と相談します。決して感情的にならず、イジメの実態について正確に把握しましょう。

(例1)

川口幸晴の母です。息子がいつもお世話になっております。今日はご相談があってうかがいました。幸晴の友人のことです。

先日、幸晴の腕に青アザが数カ所あるので、理由をたずねましたところ、「転んだ」という返事でした。何か隠しているような感じで心配していたのですが、昨日は突然、「1000円が必要なんだ」と言い出しました。びっくりして、何に使うのかと問いただしたところ、「同じクラスの小池くんたちのグループからおどされている」と言います。

詳しく話を聞いてみると、息子のほかにも被害にあっている子どもがいるようですが、仕返しが怖くて先生や親に言えないとか。このままだと、さらに被害は大きくなると思います。早急に適切な処置をとっていただけないでしょうか。同じクラスのことで、対処も難しいかと思いますが、どうかよろしくお願いいたします。

構成

イジメを受けている子どもをもつ親から担任の先生への相談です。中学生にもなると、親に心配をかけるようなことは話さないこともあります。子どもの異変に気づいたら、できるだけ早く先生に相談し、一緒に解決方法を考えていきましょう。

(例1)では「腕に青アザが数カ所ある」ことから、(例2)では「部屋に閉じこもって夕飯にも出てこない。部屋で泣いている」ということから親が気づいています。

ここでは、先生に対して子どもから聞いたこと(イジメの始まりや経過)を正確に伝えることが大切です。

また、「仕返しが怖くて先生や親に言えない」「学校に相談するともっとイジメがひどくなる」など、子どもが直接先生に相談でき

（例2）

お忙しいところ恐れ入ります。片瀬直子の母です。今日は娘のことでうかがいました。

実は昨夜、直子が帰宅するなり自分の部屋に閉じこもって、夕飯にも出てきませんでした。部屋で泣いているようでしたので心配に思い、今朝、学校に行く前に問いただしたところ、最初は「なんでもない」の一点ばりでした。しかし、しつこく聞いたところ、イジメを受けていることを告白しました。

イジメは5月ごろから始まったようで、ノートがびりびりに破かれたり、教科書を隠されたりしたそうです。夏休み前からは体操着を捨てられたり、イジメはますますエスカレートしているとか。昨日はノートに「ばい菌」と何ページにもわたり書かれてしまい、それで泣いたということです。この話を聞いて、親としては悔しい思いでいっぱいです。

イジメを行っているのは3人グループのようですが、ほかの子どもたちは自分もイジメにあうのが怖くて、助けてくれないと言っています。どうしてこんなイジメにあうのか、本人はまったく身に覚えがないそうです。

直子は、学校に相談するともっとイジメがひどくなるし、仕返しが怖いから、と先生のところに相談に行くのを嫌がっていました。しかし、親としては、どんなことをしてもこの事態を解決したいと思い、今日うかがった次第です。どうか、先生のご協力をあおぎながら、一緒にイジメを解決したいのですが。

ない事情や、心の葛藤も伝えましょう。

事実関係については、できれば自分の子どもだけでなく、ほかの子どもや、親からも確認をとっておきます。

ポイント

子どもが苦しんでいることを知れば、親はつい感情的になってしまいます。しかし、子どもの訴えだけを信じ込んで、学校に怒鳴り込むような話し方は避けましょう。また、なぜ先生は気づいてくれなかったのかなど、先生を非難するような態度もつつしむべきです。

自分のクラスでイジメがあったということで、先生もショックを受けています。先生を責めるのではなく、両者で協力して解決していきたいという姿勢で相談に行きます。

アドバイス

イジメに関わっている子どもは、先生や親に知られることを警戒します。イジメられている子どもの親が学校に来ることをチェックしていることも考えられるので、相談に行くときには注意が必要です。

先生に連絡するときは、通常の連絡帳などを使い、相談するべき日時は、学校に生徒がいないときを選んでもらうといいでしょう。

とにかく、いたずらに騒ぎ立てて、先生が事実確認を行う機会を失わないようにすること、親は子どもとともに、イジメに負けない気迫をもつことが重要です。

親と子の希望をはっきりと

進路の相談

中学から高校へ進むとき、希望や適性によって、進路別にコースを選択する学校もあります。後悔しないように、進路相談には親子でよく話し合ってから臨みましょう。

（例1）

大滝真二の母です。いつもお世話になっております。将来の進路については、親子で話し合っていますが、なかなか決められずにいるところです。なにしろ、本人はバスケット部に夢中で、勉強は二の次になっています。「このままでは、高校へ進んでから大変ではないの」とは言っているのですが、本人は「大丈夫、やるときはやるから」と、いたってノン気です。

親としては、できれば国立大学に進んでほしいと思っています。実は真二の兄が私立大学に進学することが決まりました。昨今の不況の影響で、主人の会社の業績も思わしくなく、2人とも私立大学にというのは、経済的に厳しい状況です。

しかし、真二の数学や理科の成績を考えますと、いまのままでは国立大学は難しいと思います。どうしたらよいでしょうか。

構成

私立中高一貫校では、高校受験の心配はありませんが、高校になると生徒の志望に合わせて、文系コース、理数コース、特別進学コースなどに分かれる学校もあります。そのような学校では、たとえば中3次に、進路についての個人面談も行われますから、その前に親子で話し合う機会をもっておきたいものです。

（例1）は、経済的事情から大学は国立大学にしたい親からの相談です。国立大学を選ぶか私立大学を選ぶかでは、経済的負担や受験科目にも大きな違いがあります。この相談の例では、理数系の成績が良くないので、国立大学をめざすにはかなり厳しい状況であることを率直に話しています。

（例2）は、本人は大学では国際関係学部に入りたいとはっきり希望し、高校ではインタ

（例２）

いつも美紗子がお世話になっております。今日はよろしくお願いいたします。

中学に入学したのがつい昨日のような気でいましたが、もう高校進学、そして進路について考える時期になったのですね。先日、子どもが学校から進路指導に関する書類を持って帰ってきまして、美紗子と進路について初めて話し合ったような状態です。

本人は将来なりたいものを、まだ具体的に決めていないようですが、大学は国際関係学部に進みたいと言っています。高校ではインターナショナルコースでがんばりたいとも希望していますが、先生はどう思われますか？　これまでの英語の成績を考えると、親としてはちょっと無理ではないかと思えるのですが……。この前の実力試験でも、英語だけが補習になってしまいました。

また、ご存じのように、国際関係学部がある大学はあまり多くありません。入れる大学の選択範囲が狭いということも不安です。その点はどうお考えでしょうか？

美紗子は一人っ子で、進路について考えるのは初めてのことで、親のほうもとまどっている次第です。ただ本人が望んでいることは、なるべくならかなえてあげたいので、できるだけの応援はするつもりです。また、大学進学後のことも親子で話し合うつもりです。

そこで、これから英語の成績を伸ばすためには、どのような方法があるかも、アドバイスしていただければと思っております。

ーナショナルコースでがんばりたいと言っているのですが、親がいろいろ心配して、先生の意見を聞いている例です。大学受験の状況は年々変化しているので、親の体験は子どもの受験には役に立たないと考えたほうがいいでしょう。とくに初めての子どもの場合、親のほうが混乱してしまうこともあります。

ポイント　相談するときは、すべて担任の先生にお任せするのではなく、ある程度親の意見をまとめておき、それをはっきりと伝えることが大切です。また、子どもの性格などは、親といえどもすべてがわかっているわけではないので、独断的な言い方にならないように気をつけましょう。

アドバイス　子どもが言っていること、ほかから聞いたこと、自分の意見をごちゃ混ぜにせず、きちんと切り分けて話しましょう。

学校では、親の知らない子どもの一面があるので、先生の目から見た子どもの性格や適性、それに対する先生の見解や意見は、素直に耳を傾けましょう。

バリエーション　「本人は国立大学志望ですが、理数系はどうも苦手のようです。成績も伸び悩んでいます。親としては、むしろ私立大学にしぼったほうが、受験勉強はしやすいと思うのですが、先生のご意見はいかがでしょうか」。

学校に知らせて一緒に解決

子どもや家庭同士のトラブル

不可抗力で、子どもや家庭同士のトラブルが発生したときも、必ず学校に報告しましょう。感情的になって、相手に直接抗議することは避けたいものです。

（例1）

山元幸平の母です。いつもお世話になっております。突然おうかがいして申し訳ありません。ちょっとお知らせしたいことがありまして……。

実は昨日幸平が学校から帰ってきまして、足が痛いと言い出しました。近くの整形外科に連れて行きましたら、骨には異常がなかったのですが、足首をネンザしているとのことです。

本人にどうしたのかたずねたところ、放課後、教室でプロレスの技をかけあっているうちに、加藤くんの足が絡んで、変なふうに曲がったそうです。そのときはたいしたことはないと思い、大丈夫だからと帰ってきましたが、徐々に痛みが増してきたようです。

おたがいふざけあってのことですから、幸平にも非はあります。ただ、少し間違えれば取り返しのつかないことにもなりますので、先生からもみんなに注意していただけないでしょうか。

構成

子どもや、家庭同士でトラブルが発生したとき、先生へ相談するときのパターンです。

（例1）は、子ども同士がふざけていて、自分の子どもがケガをしたことを、先生に伝えています。今回はたいしたことにならずにすみましたが、一つ間違えれば大ケガにもなる可能性もあります。そうなる前に先生からクラス全体に注意してもらえるように頼みます。

また、たいしたことはなかったと言っても、医者に行くほどのケガですから、相手の親にも知らせたほうがいいでしょう。その場合も直接連絡するより、先生から言ってもらったほうがスムーズに伝わります。

（例2）は、子ども同士のトラブルを一方的にこちらが悪いと決めつけられ、家族間のトラブルになりそうな例です。感情的になって

〈例2〉

藤田でございます。いつも明日香がお世話になっています。至急ご相談したいことがございましてうかがいました。

昨日、同じクラスの小林恵子さんのお母さんからお電話をいただいて、明日香が恵子さんの顔に傷をつけたと言われました。シャープペンシルの先で、恵子さんの頬を引っかいたということで、私はびっくりしまして、とにかくお詫びを申し上げて、いったん電話を切りました。

すぐに明日香に問いただしたところ、確かにそのとおりだが、その前にしつこく背中をつつかれていて、「やめて」と手で制したとき、手に持っていたシャープペンシルがはずみで恵子さんの顔に触れたそうです。たとえ故意でなくても、友だちの顔に傷をつけたのですから、親にちゃんと報告しなければならないと、明日香には注意しました。また、これからは十分に気をつけるようにも言いました。

ところで、小林さんから先生へはご連絡はいっているでしょうか？　電話をいただいた感じでは、先生には報告されていないようでしたので、その点も気になっていました。クラスで起こったことは、まず先生にお知らせするべき、と思っていますので。

それに恵子さんは、自分が傷つけられたことだけをお母さんに言っているので、明日香が一方的に悪いと思われているようで、私はそれも少し納得がいきません。しかし、私が小林さんにそのことで電話すると、話がこじれそうで……。それで、先生のお力を借りたいと思いまして、うかがいました。

親同士がやり合ってしまっては、クラス内にわだかまりが生じます。このようなときもすぐに先生に相談して、間に入ってもらって、気持ちを相手に伝えてもらいましょう。

ポイント

子ども同士のトラブルは、こちらが加害者でも被害者でも、必ず学校に知らせて、学校と一緒に解決していく、という姿勢を忘れないようにしましょう。感情的になって、相手の家に怒鳴り込むというのがいちばん避けたいことです。明日はわが身になる可能性もあります。相手を一方的に非難することのないように、気をつけましょう。

アドバイス

イジメにあっているときも同じですが、子どもの言い分はしっかり聞いてあげます。しかし、子どもは自分の都合の悪いことは話さない、ということもありますから、すべてをうのみにするのでなく、冷静に事実を確認していくことが大切です。

不可抗力であっても、相手にケガをさせてしまったときは、相手に直接謝らなければなりません。相手に非がある場合は、釈然としませんが、とにかくこちらが詫びている気持ちが伝わるように、誠意を尽くして話します。相手の非については先生から伝えてもらい、こちらからはそれについては触れないほうが、トラブルを円満に解決できるでしょう。

気になることは遠慮なく

寮に入るときの面談

寮のある学校では、入学前に入寮に関する面談があります。保護者の意向を確認し、寮生活について理解を得るためです。気になることは遠慮なく聞きましょう。

（例1）

今年から寮に入ることになりました、神田正則の母です。よろしくお願いいします。入寮にあたっては確かに不安もあります。しかし、中学入学を機に、規則正しい生活態度を身につけさせたいこと、寮の先輩との交流の中で豊かな人間関係を築くことができればと思います。寮の先生方にはご迷惑をおかけすると思いますが、よろしくお願いいたします。

（例2）

蒲池義則の父です。先ほどの入寮説明会でのお話を聞きまして、一気に不安が解消された思いです。義則は温和な性格ですが、集団生活を送るうえでは少し自己主張が弱いところがあります。やはり親としては、たくましく育ってほしいと願っています。寮では先生方が一人ひとりの性格まで十分把握して指導されるということで、むしろ期待感でいっぱいです。どうか、6年間よろしくお願いいたします。

構成

寮に入るときの面談の例です。学校からの質問は、寮に入る動機（全寮制でない場合）、寮に入るにあたっての不安や心配などが一般的です。

ポイント

小学校を卒業したばかりの子どもが、親元を離れて集団生活を送るのですから、親子とも不安であるのはあたりまえです。イジメはないのか、生活で困ることはないのかなど、気になることは何でも遠慮なく相談しましょう。

アドバイス

寮に入ることには多くのメリットがあります。通学時間が不要になり、勉強に専念できることや、家庭を離れることで自立心が養われることです。また、同じ屋根の下で生活することで、生涯の友人を得る機会にも恵まれます。学校からは、寮生活の規則などの説明があります。

通学生も寮生活を体験
公文国際学園

公文国際学園（横浜市・共学校）では校内に男女寮を備え、現在中高合わせて200余名の生徒が寮生活を送っています。

「いまの子どもたちは、集団による行動や遊びが極端に減っています。また、親子の関係が密になり過ぎているために、子どもの自立を阻害していることもあります。中学生というきわめて多感な時期に、家庭を離れ、同じ屋根の下で仲間と生活をともにすることは、子どもたちの成長にとって必要なことではないでしょうか」と語るのは、広報担当の石塚毅先生。

「本校では、1人でも多くの生徒に寮生活を体験させたいという考えから、通学生が寮生活を体験する短期寮生の制度もあります」。

これは新入生を対象に、修学旅行などの体験学習の一つとして4カ月の寮生活を体験するというものです。4人部屋での生活は、最初は煩わしいと感じることもあるようですが、「寮生活で一生の友を得た」という感想も寄せられるそうです。

全寮制の中高一貫校
那須高原海城

那須高原海城（栃木県・男子校）は東京の海城と兄弟校で、全寮制の中高一貫校です。

「入寮に際しては保護者と面談をもちますが、寮での生活を心配する方は多いです。確かに寮生活には家庭とは違う緊張感はあるでしょうし、身の回りのことを全部自分でするという大変さもあります」と入試室の塩田顕二郎先生。

「しかし、本校では寮の教師も昼間の授業を担当して、学校と寮の両方をとおして生徒の様子に気を配っています。また身の回りのことも、同じフロアの先輩が助けてくれるので、心配はありません」。

通学に費やす時間と疲労がないので、勉強に集中することができるというメリットもあります。さらに子どもたちは、寮での生活で自立心や協調性を身につけていくので、夏休みなどに帰省したとき、わが子の成長ぶりに親が驚くことも珍しくないそうです。

受験を考えている小学5・6年生には、夏休みに2泊3日の体験入寮も実施しています。

COLUMN

勉強もクラブも友人関係も、のびのび過ごせる女子校

わが子を私学に入れた親が、「良かった！」と思ったのはどんなことでしょうか？　まずは女子校のお母さんから。

「女子校は男子の目を気にせずにすむので、のびのびできるみたいですね。反面、男子の助けなしに、女子だけで全部やらないといけないので、自分がしっかりしなくては、という意識が育っていくようです。娘（中2）も、入学以来すごくたくましくなりました」

「学校には個性的なお嬢さんが多く、ふだんはおたがい干渉せず、なのですが、いざというときには助け合うという、いい友人関係ができているようです。学校も、自分自身で良識のある判断ができる生徒に育てようという方針で、娘（中3）は、勉強するときはする、遊ぶときは思い切り遊ぶ、というメリハリのある生活ができています」

「娘（中2）は、ダンス部に入っているのですが、とにかくクラブ活動に打ち込んでいます。そのほかにも課外授業で日本舞踊を習っていますが、こういう勉強以外のことでも思い切り習える余裕があるのも、高校受験がないおかげでしょう」

「子ども（中2）の学校ではシラバスが配布されるので、授業の内容や、習得するべきポイントがよくわかります。授業も、先生がつくった独自のプリントを中心に進められ、学習指導に対する情熱を感じます」

わが子の学校生活に満足のようですね。男子校のお母さんの意見はどうでしょうか？

「先生方が子どもたちと、本気でぶつかっているという感じです。うちの子（中3）をはじめ、好奇心の固まりのような生徒ばかりが集まってますから、授業中など、生徒のほうが何か質問して先生をぎゃふんと言わせたいと思っているんです。そんな生徒とわたり合

COLUMN 10

わが子を私学に入れて良かった！

先生や同級生との関係が、子どもを成長させる男子校

COLUMN

うのですから、かなりのエネルギーですよね」

「息子（中2）は小さいころから運動が苦手で、運動会の団体競技では、周りの足を引っ張りそうで心配だったんです。でもクラス対抗競技で、ちゃんと役割をいただいたようで……。親子ともどもうれしかったです。それに、期末試験が終了して終業式までの間に、体育の補講をしてもらえたんです。これも感激でした」

「考えていたよりかなり自由な校風で、服装や持ち物についてもうるさくチェックされることはありません。公立校は通知表が絶対評価に変わり、高校受験の先行きが見えない、というような報道も目にしました。中学受験をしたことで、わが子（中2）がこのようなことに巻き込まれずにすんで、本当に良かったと思います」

男子校でも、子どもたちが学校生活を充実させている姿がうかがえます。では、共学校ではどうでしょう？

C O L U M N 10

わが子を私学に入れて良かった！

COLUMN

男女一緒なのが強み。部活動が活発な共学校

「うちの子（中3）の学校の自慢は、なんと言っても部活動が活発なことです。サッカーをはじめ、空手、テニスなど全国レベルで活躍するクラブが多いのです。温水プールもあるし、学校の設備も充実していますよ」

「校則はあってもないというか、生徒の自主性に任されていますね。それから、先生が父親のように教えてくださいます。息子（中3）が注意を受けたときも、全部がいけないと言うのではなくて、こういうことは言わなくてもわかるだろう、という感じでした」

「男女がともに学んでいる、ということもあるのでしょうか、文化活動がとても盛んです。吹奏楽部、合唱、演劇など、男子と女子がいることで、活動にも厚みが増すのではないでしょうか。娘（中3）も中1から美術部でがんばっています」

やはり、私学を選んで良かったとの意見が聞かれました。これは共学校に限らず、すべての学校の親に共通した声のようです。

11章

わが子にピッタリの
学校を選ぶ！

座談会＆私立中学と上手につき合っていく10カ条

「私立中学」とひとくちで言っても、首都圏だけでも300校近くの学校が。そのなかから「ベストの学校」を選ぶには……。先輩お母さんと編集部からとっておきのアドバイスをおくります。

主な内容

◆座談会／先輩お母さんたちの本音トーク
◆私立中学と上手につき合っていく10カ条

座談会

先輩お母さんたちの本音トーク

偏差値だけでなく、子どもの性格に合った学校を選ぼう!
6年間の充実した学校生活を送るには、学校をよく知り、好きになること

中学受験を経験した先輩お母さんたちに集まっていただき、受験生時代のエピソードや中学生活の様子を語っていただきました。

そのなかで、「受験が終わったいまだから、あらためてわかる学校選びのポイント」や「私立中学校とうまくつき合っていく方法」、そして「思春期の子どもとの家庭での接し方」などについて、ご自身あるいはお知り合いの体験をまじえて、アドバイスをいただきました。どうか参考にしてください。

子どもの性格に合った学校選びが大切

司会　みなさんは中学受験を終え、現在お子さんは充実した中学校生活を送っていらっしゃると思います。そこで、これから受験に臨む、あるいは入学をひかえた子どもをもつ、後輩お母さん方のために「受験を経験したからこそわかる志望校選びのポイント」や、「通っている中学校とうまくつき合っていく方法」などについてお聞き

したいと思います。

まず最初に、受験生時代のことですが、第1志望校や併願校を決めた理由について、あるいは学校選びのポイントについて、お話をうかがえますか。

中井明子さん　結果的には、第1志望には不合格で併願した学校に通っているのですが、第1志望校は文化祭を見学に行ったら、生徒たちがみんなイキイキしていました。でも、もし第1志望校に通っていたら、いろいろなことにチャレンジする余裕がなかったかもしれないですね。併願校を決めるときに、大学受験をさせるつもりでしたから、第1希望と同じ進学校で男子校と決めていました。できれば自宅から近いほうがいいので、1月中に決められる県内の学校を考えました。城北埼玉は、中高一貫の第1期生ということで、不安も少しありましたが、入学してみると、自由な雰囲気で先生方もとても熱心です。自宅から近いのでとても助かり、結果的には良かったなと思います。

青木美砂さん

神奈川県横須賀市在住。長女が神奈川学園中学2年生。ダンスサークルに所属。長男は公立小学校6年で受験をめざして奮闘中。ご自身も外で仕事をしながら長女の受験を乗り越えた。「受験をとおして、娘との関係がますます良くなった」と受験生活をふりかえる

秀島千鶴さん　うちの場合は、第1志望校が不合格だったら、「絶対桐蔭学園に通う！」と娘自身が決めていました。娘は、先生に「こうしなさい」と言われても、納得できないと「どうしてですか？」と言うタイプだったので、「自分できちんと判断して行動させる」という教育方針の学校を併願校として選びました。

桐蔭は下の子が小学部に通っていたので、それだけ思いも強かったのだと思います。桐蔭は、自分できちんとしていれば何も言われ

ないところと、塾へ行かなくても学校でしっかりと勉強を見ていただけるところが気に入っています。

　わが家の学校選びのポイントは、「ポケットがたくさんある学校」ということですね。つまり、体育はダメだけど技術が得意とか、生徒のいいところをほめて育てようとしている学校がいいと思います。

司会　座間さんは私学に通うお子さんがお2人いらっしゃいますが、それぞれの志望校選びもかなり違っていたのですか?

座間裕美さん　長男は性格的にマイペース型です。たとえば誰か「指針」になるような方が近くにいて、長男を上手におだてて引っぱっていってくださると、その気になるタイプです。だから、子どもの個性を引き出してくれるような学校を中心に選びました。いま長男が通っている森村学園は、第1志望ではなく併願校でしたが、「勉強さえできればいい」ということではなくて、「人間的な勉強」をさせてくれる学校だと思います。長男が「学校が楽しい」と言ってくれることが、親子それぞれに辛かった受験生活の3年間に対する報いかなと思っています。

　逆に、長女のほうは「失敗してもかまわないから自分でやりたい」という性格なので、学校側からたくさん課題を与えられたり、「こうしたらどう?」と言われたりすることが好きなタイプではありません。「私が(弟と同じ)森村学園に入学していたら続かなかったかも」と言っていました。

　志望校を決めるときには、「姉弟だから同じ学校に通わせる」ということではなくて、それぞれの子どもの性格を見て、ぴったり合った学校を選んだほうがいいと思います。

司会　ということは、お子さんの性格をよく知っている親の役割が重要だということですね。土井さんはいかがですか。

土井夕美子さん　鷗友学園女子は、

2次で受験した学校ですが、自宅（伊勢原市）から通える距離だったことと、自由な感じで、「この学校だったら、みんなとうまくやっていけそうだな」と思ったからです。鷗友の学校説明会には私一人が参加しましたが、文化祭は家族4人で見学しました。そのとき、生徒と先生がとても仲良く話していて、生徒と先生との距離がとても近い学校だという印象がありました。また、本人には「付属校は嫌だ」というこだわりがあったようです。大学まで女子校というのは嫌みたいでした。

座間裕美さん

神奈川県相模原市在住。長女が立教女学院高校1年生で、茶道部に所属。長男は森村学園中等部3年生で、科学部と空手部に所属。2人の中学受験体験記とそれぞれの学校生活をつづったホームページの主催者で、定期的に「オフ会」も開催しているという

第1印象もときとして大切！

青木美砂さん　娘は、2科目受験だったので受験可能な学校が限られていました。まず、塾でいただいた偏差値表を見ながら、家から何分で通えるかという視点で学校を探しました。娘は現実的なので、「キリスト教の学校は嫌だ。私は神様にお祈りはできない」と言い出して、またまた選ぶ学校が少なくなってしまいました。そのなかで、第1志望校は本人の平均偏差値が満たなかったのですが、「どうしてもこの学校に通いたい」という娘の思いもあって、3回入試までチャレンジしました。結果的にはうまくいきませんでしたが、本人も納得できたようです。

いま通っている神奈川学園は、生徒が明るく元気にあいさつしてくれて、親子とも第1印象がとても良かったのです。私自身も「ピン」とくるものがありました。でも、神奈川学園に関する情報があまりにも少なくて、インスピレーションだけで決めて良かったのかと不安になりましたが、入学してからは、期待を裏切らない学校だったことがよくわかりました。先生方はとても熱心で、生徒一人ひとりのことをよく考えてくださっています。生活面でも、自ら判断する力や考える力を育てる人間教育がなされていますね。

受験生時代を乗り越えた子どもたち

司会　中学受験をとおして感じたこと、いまだから話せるエピソードとか感動秘話、あるいは受験生のお母さん方にぜひ伝えたいことなどがあれば教えてください。

秀島さん　第1志望校の入試当日に、ほかのお母さんから「塾で友だちにイジメられてたんですよね」と初めて聞かされ、娘はひと言も私にイジメのことを言わなかったので、よくがんばったなって思いましたね。

司会　具体的にはどういったイジメだったのですか。

秀島さん　娘はいったんほかの塾に移って、また元の塾に戻ったのですが、そのときに「前とたいして成績が違わない」と思われたり、私立小の制服を着てそのまま塾へ通っていたので、それもほかの子にとっては嫌だったようで、仲間外れにされていたようですね。

青木さん　塾の先生は知らなかったのですか？　塾の先生は、何か対策をとらなかったのですか？

秀島さん　私は入試の日までイジメのことは知らなかったのですが、友だちのお母さんは、塾の先生に相談してくださったそうです。でも、塾は何も対応してくれなかったと言っていましたね。男の先生ということもあったのか、実感としてイジメの実態がわからなかったのではないかと思います。

中井さん　男の子は、「お前なんか、○○中に合格できないよ」なんて言葉でイジメたりするけれど、

思い出がたくさん詰まった日能研バッグ

翌日にはケロッとしていますね。それに対して女の子は、どちらかというと陰険なイジメ方をするようですね。中学に入っても、「本当は○○が第1志望校だった」「○○を受験した」というようなことを言い合っているようで、親としても少し考えてしまいますね。

司会　お子さんが塾へ通っている間、ほかに感じたことなどはありませんでしたか?

土井夕美子さん

神奈川県伊勢原市在住。長女は鷗友学園女子中学2年生で、部活動は管弦楽班に所属。バイオリンを担当している。次女は公立小学校3年生。ご主人を含めてまさに二人三脚で乗り越えた受験生活だったとふり返る。お子さんが楽しく学校生活を送っているのが何よりという

土井さん　学校から帰ってきてすぐに塾へ出かけて、15分くらいで夕食をすませて、夜遅く帰宅してお風呂へ入ってから、また夜中の12時くらいまで勉強をして……主人が「サラリーマンでいうと、毎日何時間も残業しているのと同じだぞ」と言ったとき、体力的にも精神的にも大変だっただろうな、わが子ながらよくがんばったなと思いましたね。

座間さん　受験が終わって最初に思ったのは、家族みんなで夕食を食べられることが本当にうれしかったです。そして、反抗期で次第に親から離れていく子どもと、一つの目標に向かって最後までやりとおせる経験ができました。合格発表のとき、ふたりで抱き合って泣いたことは忘れないですね。

偏差値だけで学校を選んではいけない

司会　結果として、併願した学校に現在通われている場合は、第1志望校の話が入学してからも出ると思いますが、そのあたりはどうですか。

座間さん　お母さん方のなかには、「残念でしたね」なんておっしゃる方がいましたが（笑）、いまは同じ学校に通っているわけですから、たとえ第1志望校でなくても、入学した学校の勉強方法になじんだ子は成績が伸びているようですね。「第1志望校ではない学校に入学した」ということを、引きずっていることは問題だと思います。親としては、偏差値が高い学校へ通わせたいと思う方も多いと思い

ますが、偏差値ばかりを気にし過ぎるといけないと思います。

中井さん　親としては、2月1日と2日が残念な結果になると、2月3日、4日は1でも2でも偏差値が高い学校にしがみつきたくなるものですよね。でも、これから中学受験をされる方は、ご家庭の教育方針と合っているかどうかを根底において考えてほしいと思います。

青木さん　あるお宅では、合格した押さえの学校に納得できなくて、あわててもう少し上の偏差値の学校に出願して合格しましたが、入学してからの様子は親子ともどもとても悩んでいらっしゃいましたね。その後、そのお子さんが学校を好きになることができたのか、気になっています。

司会　やはり、偏差値だけで6年間通う学校を決めるというのは危険だということですね。ほかに受験にまつわるエピソードなどありますか。

土井さん　通っていた小学校から中学受験したのは、うちの娘一人だったので、10月くらいまでは担任の先生にも受験のことは言わなかったですね。だから、お友だちが遊んでいても、うちの子は塾へ通っていました。でも、だからといって子どものなかで孤立することはなく、お友だちが「合格したら一緒に遊ぼうね」という手紙をくれたりしました。

青木さん　娘の小学校では、126人中4人が中学受験をしたのですが、女の子は娘が一人だったのです。それから、うちの娘もお友だちからお手紙をいただきました。周りの人たちの応援や心づかいがとてもうれしかったですね。

体調を整えていくだけでもひと苦労

司会　青木さんは、娘さんが保健室で別室受験をしたとうかがいましたが、詳しく教えていただけませんか。

青木さん 入試当日の朝、体調が悪くて「受験やめようか？」と本人に聞いてみたのですが、「どうしても行く！」と言うので、がんばって試験会場に向かいました。教室に入る直前に本人に聞いてみると、「教室で受ける自信がない」と言うので、そばに立っていた先生に「体調が悪いのです」と話したら、すぐに保健室まで連れて行ってくださいました。私は、いったん保健室の中に入り、試験開始直前まで娘のそばにいることができました。試験中は、「何かあったときに備えてここで待機していてください」と言われ、保健室前の調整室のようなところでほかの保護者と雑談しながら、試験終了までの時間を過ごしました。一緒に保健室受験をした方の話も合わせて考えると、最後まで体調を万全に整えて臨むことは大変なことだと思いましたね。

知人のなかには、3日目を終えた時点で疲労による体調不良で、その後受験できなくなってしまったお子さんもいました。悔いのない受験をするためには健康管理はもちろん、お子さんの体力・精神力を見極めたスケジュールを立てることが重要だと思います。

中井明子さん

埼玉県上尾市在住。長男が城北埼玉中学1年生で、部活動は硬式テニス部に所属。新設の中学第1期生ということで、みずからも保護者会の役員を務めている。長男の目下の趣味は「鉄道研究」。受験期もお子さんのストレス解消を兼ねて、親子で電車を見に行っていたという

司会 入試期間中の健康管理については、どなたも神経質になるところですね。そのほか、保護者が気をつけなければならないことについてのアドバイスはありますか。

秀島さん これから受験される方に伝えたいのは、「合格＝ゴール」で、そこで「終わり」というイメージができ上がっていると思いますが、そうではないのですね。こ

れはわかっていることですが、受験の渦中にいるとわからなくなってしまうようです。娘に、「夢を実現するには、まだ上があるのよね」と言われたときに、私のほうがハッとしましたね。

中学校生活のなかで見た、わが子の成長ぶり

司会　実際に中学に入って、想像していたこととは違った点、あるいは困ったことなどはありますか。

座間さん　長男のほうは、受験勉強はどちらかといえば受け身の勉強だったので、中学に入ってからも自発的に勉強することがなかなかできなかったのですね。だから、私はいったん子どもから手を引いてしまうというか、「自発的に勉強すること」をわからせたかったのです。

秀島さん　娘も、どちらかと言えばそういう面がありましたね。長女の受験が終わったときに、長男（弟）も塾をやめさせたのです。そうすると、長男は「何かやらないと罪悪感があるけど、何をやったらいいかわからない」という状況になってしまったのです。そこでまた塾に通わせたのですが、やっぱり嫌みたいで「泣いてまで、塾へ行かなくてもいいよ」と私が引いたのです。そうしたらなんとかがんばって、いまは塾に通っています。

中井さん　やっぱり親が引いたほうがいいのですかね？　引きたいのに引けないんですよね。私も手を離したいのですが恐くて……。

一同　恐くない、恐くない（笑）！

秀島さん　親が手を引くと、子どもは一瞬どうしようかと思うのですが、子どもはどうにか乗り越えられるものですよ。

青木さん　親が子離れしないとダメですよね。

土井さん　娘は、中学生になって以前より積極的になりましたね。いまクラブ活動で管弦楽班に入り、バイオリンを担当しているのですが、3泊4日のクラブ合宿に参加したり、とても意欲的に活動しています。先輩と話す機会が増えたせいか、敬語をきちんと使えるようになったのには驚きました。いまは「クラブ命！」という感じですね。私も、クラブの保護者会に参加して、ほかのお母さん方とも知り合えたり、学校のことをいろいろ聞くことができて良かったと思っています。

秀島千鶴さん

神奈川県川崎市在住。長女は桐蔭学園中学女子部中等コース1年生で、剣道部に所属。長男は桐蔭学園小学部5年生。受験期は子どもと「契約書」を作り交換。「お母さんは怒らずいつもニコニコ。子どもは受験まで自分に恥ずかしくないように努力する」がその内容だった

思春期の子どもとのコミュニケーション

座間さん　思春期の子どもって、理由もなくイライラしているときってありますね。とくに長男が受験生のときは、そういうときには私がガーンと言っていたのですが、息子が中3のいまはそういうわけにはいかなくて、私のほうが子どもを無視するようにしています。そうすると、息子のほうが私に対して機嫌をとってくるようになったのです。これはいい方法だなって思いましたね（笑）。

青木さん　女の子は成長とともに、母親とは友だちのように会話できるようになりますよね。

座間さん　長女が受験生のころ、私も仕事をしていたため、コミュニケーションの時間があまりとれませんでした。話す時間がないだけ手紙をよく書いてくれましたね。私も返事の手紙を塾のお弁当と一緒に入れていました。口ではうまく言えないことでも、文字にすると素直になれたりしますよね。

秀島さん　そうですね。うちも子どもとよくメール交換をしていますよ。部活に入るかどうか迷って

いたときも、メールで話し合ったりしてました。

中井さん　男の子の場合は、いつか親から離れてしまうから、その時期を少しでもあとにずらすように（笑）、どんなときも頭ごなしに言わないで、一応相手の言い分を聞いてあげて、会話だけはするように意識していますね。

子どもの成長は、学校の影響が大きい

司会　中井さんの息子さんは、中学新設校に入学したわけですが、それに対して不安やご苦労はありましたか。

中井さん　新設校なので入学前から先生方の熱意は感じていましたが、実際に子どもが授業を受けると、教科ごとの先生が本当に熱心です。ただ、中学1期生なので、すぐ上がいきなり高校生で、すぐ上の目上の人に対する態度が身につかないかなぁ、というのが少し心配です。

司会　とはいっても、これからが楽しみですよね。ほかに、中学校に通い始めてお子さんがこんなふうに変わった、というようなお話はありますか。

座間さん　長女は、新しいことを始めたり、一人で何かをするのが苦手だったのですが、積極的にいろいろな場へ出ようとするようになりました。いい意味で自分は自分、他人は他人というペースで行動していて、イキイキとしています。それは、スピーチコンテストや、留学などの機会を与えてくださった学校や先生方、おたがいほどよい距離感を保ってくれる友だちの影響だと思います。

　長男は、小学校で受けたイジメが原因で学校が嫌いだったのですが、いまはとても学校が好きになり、明るくなりました。本来の大らかさが戻り、自分を主張することもできるようになったと思います。また、勉強嫌いだったのに、自分で勉強するようになりました。これもいい影響ですね。

土井さん　私も学校の環境はつくづく大事だと思います。試験前な

鷗友では、お誕生日会で校長先生が一人ひとりの生徒と話をする

どは、みんなで下校時間まで勉強していたり、文化祭ではみんなで盛り上がったり、のびのびと、しかも節度ある学校生活を送っているようです。

それから、園芸の授業はあまり期待していなかったのですが(笑)、校内に畑があり、その畑に一人ひとりの名札を立てて、そこで収穫した野菜などを家に持ち帰ります。新鮮だし、何よりも自分たちで植えて、世話をして収穫するのは初めてだったので、とても楽しかったようです。そのほかに、クリスマスリースもとてもきれいにつくってきました。勉強は、課題や宿題に追われる毎日ですが、なんとかがんばっているようです。

青木さん　受験生のころは、「勉強しなさい」と言っても反発するばかりだったのに、中学に入ってからは、担任の先生が「あなたはやればできるよ！」と声をかけてくださるので、勉強に対して前向きな気持ちになることができて、進んで勉強しようという気持ちをもてるようになったようです。

また、男子の目が気になっていた小学校時代より、〝サバサバした〟性格になりました。女子だけの世界では、〝女っぽさ〟を出さずにすむので、気取らず自由にふるまえるからだと思います。

私立中学とうまくつき合っていくには……

司会　最後に、私立中学とうまくつき合っていくコツ、受験生や私立中学に入学したばかりのお母さん方にアドバイスしたいことがあったらお聞きしたいと思います。

中井さん　うちの場合は何といっても新設校の1期生ですから、子どもにとっては先輩生徒の前例がありませんし、私にとっては先輩お母さんもいないわけです。私が今回学校の役員を引き受けた動機は、学校のことをよく知りたかったことと、6年間お世話になるのですから、何かの形で協力できた

らいいなと思ったからです。「これから学校をつくり上げていく」という意味でも、息子の学校が素晴らしい学校になるように、お手伝いしたいと思っています。

実際、私自身、学校に行く機会が増えているので、子どもの様子がよくわかりますし、ほかの保護者の方と知り合えたり、高校生のことも聞くことが多いので、学校

のことがよくわかります。まずは、子どもが通っている学校のことをよく知ることから始めるといいと思いますね。

土井さん　学校を選ぶときのポイントとして、学園祭やオープンスクールには、お母さんだけではなくお父さんも一緒に参加するといいと思います。受験期はもちろんですが、中学校に入ってからでも、お母さん一人だけが子育てのことを背負わずに、うまく家族全員を巻き込んでしまうことですね。夫は、私とは違った視点で考えてくれるので、良き相談相手になってもらっています。

座間さん　受験が終わったいまだからこそ言えることは、やはり「模試の結果に一喜一憂しない」「偏差値だけで学校選びをしない」

「併願校や押さえの学校選択こそ慎重に」「子どもに合う学校、子どもを伸ばしてくれる学校を選

ぶ」ということです。結果的には第1志望校に通うとは限らないので、仮に併願校に入学することになっても、「ここなら子どもを任せられる」という学校を選ばないといけないと思います。その意味でも、学校選びは親にとって重要な役目です。

秀島さん　娘は、上手に学校や先生を活用していますね。授業が終わって帰ろうとする先生をひきとめて、わからない箇所を質問したり、どんな問題集を買ったらいいかなど、先生にいろんなことを聞いています。それを、先生が絶対に嫌がらないという点が私立中学の良いところです。

中学新設第１期生でとして、希望に満ちた表情の中井さん親子

土井さん　うちの娘も、小学校のときは積極的に質問したりしない子でしたが、中学に入ってからは、放課後職員室へ行ってまで、わからないところを聞いているようです。たとえば、試験前にみんなで集まって勉強したり、補習の必要がないのに自分から進んで参加したり、通学の電車のなかで勉強するのも、周りの子が同じようにしているので、それが自然にできるようになったようですね。

座間さん　親は学校をイメージや評判、外面だけではなくて、中側からきちんと知って好きになることだと思います。親が楽しそうに学校の役員会などに出席していると、子どももうれしいようです。学校を好きになるには、ほかの保護者の方となるべく交流して、いろいろな情報を交換することだと思います。

司会　本日は貴重なご意見をどうもありがとうございました。

ココを押さえて中高の6年間を過ごそう！

私立中学と上手につき合っていく10カ条

これまで見てきたように、私立中高で過ごす6年間には、さまざまな場面があります。ここでは最後のまとめとして、「ココに気をつけたい10カ条」をまとめました。

その1 志望校は偏差値よりわが子との相性を重視

いまの親は「偏差値世代」。偏差値に対してかなり敏感です。確かに偏差値は重要ですが、学校との相性がいちばん重要です。偏差値だけで選んで不幸な学校選択にならないように、わが子にどういう学校生活を送らせたいかを最優先に考えましょう。

その2 入学したら新しい気分で臨もう

塾での勉強と中学校での勉強は、異なります。よりいっそう深い思考力と洞察力が求められるのです。また塾での勉強方法とは進め方も違います。「受験はできたのに……」と嘆いていても先へ進めません。気分を一新して臨みましょう。

その3 入学したら、そこが「ベストの学校」と考える

「この学校は第1志望校ではないから」とマイナス思考になってしまう親がいます。子どもは前向きにがんばりたいのに、親が嘆いていては子どもも困惑します。「入学した学校がベストの学校」と親が学校を好きになることで、子どもも安心できるのです。

その4 学校の勉強に関する指示には忠実に従おう

中学での勉強は、進度も内容も教え方も学校によって千差万別です。予習や復習の方法も学校独自の考え方があります。受験時と同様に親が勉強方法に対してつい口を出してしまいがちですが、そこはグッとおさえて学校からの指示や説明に従いましょう。

その5
クラブ活動には積極的に参加する
私立中高生の本分は勉強ですが、クラブや課外活動も重要な要素です。運動系のクラブで身体を鍛えたり、文化系のクラブで知的好奇心を伸ばしたり……。クラブ活動をとおして人間関係を学べるのも、また、高校生と触れ合えるのも中高一貫校の魅力です。

その6
できるかぎり親も学校を楽しもう
親が学校を好きになることで、子どももますます学校が好きになります。保護者会には都合をつけてできるだけ参加したいもの。親同士の情報交換の場にもなります。余裕があれば役員やバザーの手伝いもやって、親も学校を楽しみたいものです。

その7
塾通いは十分に考えてから
私学の場合、「学校の授業」だけで十分な学力が身につきます。授業をしっかり受けて、予習・復習をきちんとこなせば塾や通信添削などは不要。それでも通塾を考えるのなら、不得意科目の解消なのか、得意科目を伸ばしたいのか、などと目的を明確に。

その8
困ったこと、相談事は遠慮しないで学校に
中学から高校へと進むにつれて子どもは思春期に入り、いままでなかった新たな悩みや葛藤が生じます。なかには家庭だけでは解決がつかないケースも出てくる可能性も。そんなときは一人で悩みを抱えていないで、先生に事情を話して相談することです。

その9
保護者のネットワークを広げていこう
保護者会などに参加することによって、保護者の間でもネットワークができます。もっと積極的になっていろいろな集まりに参加してみては？　学校によっては父親だけの集まりもあるのです。わが子の友だちの親と仲良くなることで、さらに学校好きに。

その10
常に将来のことを親子で話し合おう
私立中高のあとには、また新しい進路選択が待っています。学校でも充実した進路指導を行いますが、やはりそこに親の視点を加えたいもの。日ごろから親子で将来のことを十分に話し合い、学校を加えた三者で、充実した進路選択をめざしましょう。

あとがき

私立中学受験は「親と子の受験」とも言われます。これは進学塾選びから始まって、塾や家庭での勉強、公開テストの受験、学校選び、そして、出願、入試本番、合格発表、入学手続き……と親が子どもをリードしながら、文字どおり二人三脚で合格を勝ち得るという側面が大きいからです。高校受験や大学受験では、ある程度子どもの意思や意向が受験にも反映されるので、親は「やや一歩引いた受験」になりますし、私立小学校受験は親の関与が「ほぼ100パーセント」におよびます。そうした意味では、中学受験は「親子で経験し、ともに喜び合える唯一の受験」と言っても過言ではないのです。

こうした中学受験の一連の流れのなかで、子どもはもちろん、ご父母もさまざまなことを学ぶと言われます。本書にも、いたるところに「中学受験を経験して、本当に良かった」というご父母のコメントがあふれています。これは単純に「第1志望校に合格できて良かった」「子どもが楽しく中学生活を送っているから満足だ」ということだけではなく、中学受験での親子の歩みのなかで、親と子がそれぞれの立場で、それぞれの成長を確認できたという証（あかし）なのです。

さて、中学校生活が始まると、小学校のときとは生活が一変します。授業内容も小学校や塾に比べて格段に高度な内容に変わります。また、子どもの行動範囲も小学校時代に比べて広がり、学校生活をとおしてできる友人、先輩後輩との人間関係も、さらに深いものに変化していきます。同時に、子どもはこの時期、精神的にも肉体的にも劇的な変化を遂げます。いわゆる「ギャングエイジ」から「思春期」という次の段階の「成長期」にさしかかるのです。新しい学校生活への期待と不安とともに、ご父母はわが子の変化にも対応していかなくてはならないのです。親としてもわが子の成長に喜びを感じつつも、とまどいや迷いを感じる時期でしょう。そんなとき、ややもすれば「受験生のときのほうが……」と考えがちですが、子どもは日々成長していきます。中学受験のさなかに、また中学入学後に「こんなときはどうするの?」と迷ったとき、少しだけ立ち止まって本書を参考にしていただければ幸いです。そして、12歳から18歳という「かけがいのない時期」を、さらに充実したものにしていただければ、これにまさるものはありません。

最後になりますが、本書の制作にあたって、数々のヒントとアドバイスをいただいた「先輩お母さん」のみなさま、そして学校、進学塾関係のみなさまに、この場をお借りして厚く御礼を申し上げます。

2002年10月

『進学レーダー』編集部一同

この本の制作にあたってご協力いただいた学校・団体・個人の方々<順不同>

・浅野中学校
・桜美林中学校
・吉祥女子中学校
・公文国際学園中等部
・渋谷教育学園幕張中学校
・那須高原海城中学校

・㈶日本育英会
・㈱カラースペース・ワム
・東京私立中学高等学校協会
・お茶の水女子大学文教育学部・助教授・菅原 ますみ先生
・フリーアナウンサー/河崎早春さん

・日能研
http://www.nichinoken.co.jp/
・日能研プラネット/Dr.フォニックス
http://www.dr-phonics.com/
・日能研プラネット/個別指導教室ユリウス
http://www.julius.ne.jp/center/

・座談会にご出席いただいた先輩お母さんの方々
・おおぜいの先輩お母さんの方々

企画・編集　『進学レーダー』編集部
編集協力　日能研進学情報センター
日能研プラネット（Dr. フォニックス、ユリウス）
本文執筆スタッフ　樹　奈緒美（ユミックス）
関橋眞理（オフィスKai）
本文編集スタッフ　西野隆司（みくに出版）
市村幸妙（みくに出版）
吉住桂子（みくに出版）
須郷久子（オフィス41分）
表紙装丁・本文デザイン　立入デザイン事務所
本文イラスト　水村聡子

DTP　(株)サンブレーン

私立中学 学校生活Q＆A
こんなときはどうするの？

2002年10月27日　初版第１刷発行
2010年４月６日　第３刷発行

発行者　小林隼人
発行・発売　(株)みくに出版
〒150-0021
東京都渋谷区恵比寿西2-3-14
TEL03-3770-6930（代表）
http://www.mikuni-webshop.com
印刷・製本　(株)サンエー印刷

ISBN978-4-8403-0158-9